多样化教学模式在高校英语教学中的有效应用探究

孙晓美◎著

·北京·

图书在版编目（CIP）数据

多样化教学模式在高校英语教学中的有效应用探究 / 孙晓美著．— 北京 ：文化发展出版社，2023.8

ISBN 978-7-5142-4066-5

Ⅰ．①多… Ⅱ．①孙… Ⅲ．①英语－教学模式－研究－高等学校 Ⅳ．① H319.3

中国国家版本馆 CIP 数据核字 (2023) 第 162025 号

多样化教学模式在高校英语教学中的有效应用探究

孙晓美　著

出 版 人：宋　娜

责任编辑：岳智勇　　　　责任校对：侯　娜

责任印制：邓辉明　　　　封面设计：守正文化

出版发行：文化发展出版社（北京市翠微路 2 号 邮编：100036）

网　　址：www.wenhuafazhan.com

经　　销：全国新华书店

印　　刷：天津和萱印刷有限公司

开　　本：710mm × 1000mm　1/16

字　　数：215 千字

印　　张：12

版　　次：2024 年 6 月第 1 版

印　　次：2024 年 6 月第 1 次印刷

定　　价：72.00 元

I S B N：978-7-5142-4066-5

◆ 如有印装质量问题，请电话联系：010-58484999

作者简介

孙晓美　女，1978年5月出生，黑龙江省鸡西市人，毕业于齐齐哈尔大学，现任黑龙江工业学院副教授，研究方向是英美文学。主持并完成黑龙江省教育厅科研项目一项、黑龙江省高等教育学会课题一项，发表论文十余篇。

前言

语言是人类最重要的交际工具，英语作为国际性通用语言，在国际交流和合作中扮演着愈来愈重要的角色，同时也受到世界各国的高度重视。然而，语言是随着社会的发展而不断变化的，相应的英语教学模式与教学水平也要在当前的时代背景下进行调整与提高。

教学模式是在一定的教学思想或教学理论指导下建立起来的各种类型的教学活动的基本框架或活动程序。任何教学模式都是为了指向和完成一定的教学目标，根据目标设定逻辑步骤和操作程序、规定在教学活动中的步骤和任务。

高校英语教学模式应以建构主义理论、人本主义学习理论和后现代主义教学观为理论指导，以“问题解决型”“任务型”教学法和抛锚式教学模式为主要教学方法，以培养学生英语及听、说、读、写、译英语综合应用能力和研究能力为主要目标；强调以学生为学习主体，在教师引导下，借助计算机网络技术，以小组合作的学习形式进行个性化、自主式的研究；在实践中锻炼和提高学生的英语综合运用能力、自主学习能力、研究能力及综合文化素养，力求达到比《大学英语课程教学要求》更高的水平。

从目前的教学系统理论层面辨析，英语教学的系统与模式正在逐渐趋向多样化和开放性发展。对于科技网络的开发与利用，高校英语教师始终要秉持谦逊的态度进行探索与追寻，培养学生听、说、读、写、译等综合英语语言能力。

本书共分五个章节，第一章为高校英语教学模式概述，主要从高校英语教学内涵、高校英语教学影响因素、高校英语教学模式的发展与演变、高校英语教学模式的问题分析这四个方面展开论述；第二章为高校英语教学的理论基础，主要内容包括高校英语教学的基本理论、基于建构主义的教学理论、任务型语言教学的理论与方法、教学系统设计的理论与方法；第三章为高校英语的主要教学模式，依次介绍了教学模式现状分析、探究式教学模式、任务型教学模式、多模态教学模式这四个方面的内容；第四章为新形势下的多样化英语教学模式，依次介绍了信息技术与课程整合的高校英语教学模式、基于 ESP 框架的高校英语教学模式、跨文化背景下的高校英语教学模式这三个方面的内容；第五章为新形势下高校英语教学模式的应用现状，分为四部分内容，依次是金课建设对高校英语教学模式的新要求、信息技术环境下的高校英语教学、ESP 框架下的高校英语课程构建与发展、跨文化背景下的高校英语课程构建与发展。

在撰写本书的过程中，作者得到了许多专家学者的帮助和指导，在此表示真诚的感谢，并参考了大量的学术文献。但由于笔者水平有限，书中难免会有疏漏之处，希望广大同行和读者及时给予指正。

孙晓美

2023 年 4 月

目录

第一章 高校英语教学模式概述

本章内容是高校英语教学模式概述，主要从高校英语教学内涵、高校英语教学影响因素、高校英语教学模式的发展与演变、高校英语教学模式的问题分析这四个方面展开论述。

第一节 高校英语教学内涵

语言是交际的工具，人们主要通过语言交流思想、传递信息。高校英语教学是一种建立在一定的理论基础之上的科学性教学，为社会的发展、人才的培养作出了重大的贡献。

一、高校英语教学基本关系内涵

（一）英语与汉语之间的关系

汉语是中国人的母语，对于少年儿童来说，在开始学习英语之前，他们已经能够比较流利地使用汉语进行交流。这意味着他们已经掌握了一定量的汉语词汇和基本语法，并且具备了使用汉语进行听说和读写的能力。而英语是他们作为一门外语进行学习的目标语言。在讨论母语和目标语之间的关系时，人们经常提到“迁移”这个问题。迁移原本是一个心理学术语，指学习者已有的知识或技能会对新知识或技能的获得产生影响。在 20 世纪 50 年代，语言教学研究吸收了迁移理论，并认为母语迁移会对英语学习产生影响。

迁移是英语学习者常用的一种策略，它指的是利用已知的语言知识去理解新的语言。这种现象在英语学习的初级阶段尤其频繁，因为学习者对英语的语法规则还不熟悉，此时只有汉语可以依赖。因此，汉语的内容很容易被迁移到英语中。如果母语对目标语言的学习起到了积极的影响，那么这种现象被称作正迁移。也就是说，学习者能够利用已有的汉语知识和技能帮助他们更好地理解英语，并且在学习英语时更加得心应手。反之，如果母语对目标语言的学习起到了消极的影响，这种现象被称作负迁移。也就是说，学习者可能会将汉语学习中的错误语法或不恰当用词应用到英语中，从而影响他们正确地掌握英语。总之，在学习英语时，母语迁移是一个不可忽视的现象。学生可以通过充分利用母语的优势去更好地掌握目标语言，但同时也需要注意避免负迁移的发生。教师在教学中应该注重引导和指导，帮助学生正确地使用这两种语言，并且设计合适的练习以提高他们的语言能力。这样，学生才能更好地掌握英语，提高语言水平。

在迁移现象的研究中，有三种主要的理论，包括对比分析假说、标记理论和认知理论。对比分析学派认为母语和目标语的差异会导致负迁移的发生。两种语言（即母语和目标语）相似引起正迁移；两种语言相异引起负迁移，学生在接触一门英语时会发现该语言的有些特征相当容易被掌握，而掌握另外一些特征则极其困难。其中，与其母语相似的成分简单，而相异的成分困难。除了母语和目标语的异同，在考察语言的迁移问题时，还要考虑母语在哪个阶段、何种条件下影响目标语言的学习。

在母语知识对第二语言习得产生干扰的过程中，环境和学习阶段是两个重要的非语言因素。就学习阶段而言，在初学阶段，由于缺少足够的目标语知识，学习者往往更多地依赖母语进行表达，因此可能会出现较多的母语知识负迁移。在中国学生学习英语的过程中，语言迁移不仅表现在语音、词汇和语法等层面上，还受到环境的影响。例如，在使用英语时，如果周围环境中充斥着母语的使用，学生可能更容易受到母语知识的干扰。此外，在不同的学习阶段，母语知识对第二语言习得的影响也会有所不同。在初级阶段，由于目标语知识较少，学生往往难以避免使用母语，因此母语知识的负迁移可能更加明显。而在高级阶段，学生已经掌握了足够的目标语知识，能够更好地区分两种语言之间的差异，因此母语知识对第二语言习得的干扰会逐渐减少。环境和学习阶段是影响母语知识对第二语言习得干扰程度的重要因素，了解这些因素有助于教师更好地指导学生进行第二语言的学习。

1. 语音迁移

语音迁移是语言迁移中最为明显和最为持久的一个因素。人们普遍的看法是第一语言对第二语言习得具有强烈影响，这在学习者的第二语言口音上表现得尤为突出。英语和汉语属于不同语系，因此在语音方面存在很大的差异。首先，汉语是一种声调语言，使用四个不同的声调来区分词义。而在英语中，语调则起着非常重要的作用，这对于带有北方方言的学生来说可能会造成特殊的困难。其次，在英语和汉语中，音素体系也存在较大的差别，两种语言中几乎没有完全相同的发音。这意味着学习者需要花费更多的时间和精力来适应新的语音系统，并且可能会出现一些发音上的偏差。因此，在进行第二语言学习时，特别是在学习语音方面，需要认识到语音迁移的存在，并采取相应的措施来减少其影响。例如，可以通过反复练习、模仿和纠正发音错误等方式提高语音水平。另外，了解两种语言之间的差异也是非常重要的，这有助于学习者更好地理解和掌握新的语音系统。同时，多听、多说、多交流也是提高语音水平的有效途径，可以通过与母语是英语的人士进行对话来加强口语能力。

2. 词汇迁移

英语初学者常常觉得英汉语词汇是一一对应的，简单来说就是每个汉语词汇均能够在英语当中找到与之相对应的单词。事实并非如此。一个单词在另外的语言当中所对应的词有可能存在多种不同含义。因为他们的语义场情不相吻合，呈现重叠、交叉和空缺等形式。例如，汉语中的“重”一词在英语里有“heavy”与之对应，但是“heavy”的意义与“重”一词并不是完全吻合的。在英语中，可以发现许多表达方法，并不是汉语中的一个“重”字所能解决的。初学英语的人往往会把汉语的搭配习惯错误地移植到英语之中，于是出现了许多不合乎英语表达习惯的句子。英汉两种语言文化的差异也会导致两种语言词汇意义的差异。除少量的科技术语、专有名词在两种语言中意义相当外，其他词汇的含义在两种语言中都或多或少地存在差异，这些差异都有可能导致负迁移现象的发生。

3. 句法迁移

句法是组词造句的规则，也是传统所说的语法。在句法层面，英语与汉语是有相同点的，但是也有不少差异存在。首先，汉语是一种分析性语言，没有严格意义上的形态变化，主要通过词序和虚词的使用来表达各种句法关系。英语和汉语的这种差异很容易造成中国的英语学习者的困难，尤其是对于初学者来说，他们很容易受到汉语的影响，在使用英语时忘记词汇形态的变化。例如，名词的单复数、代词的主格与宾格形式、动词的时态变化等。其次，英语重形合，句子中的词语和分句之间常通过语言形式手段（如关联词）来表达意义和逻辑关系。汉语重意合，其意义和逻辑关系往往通过词语和分句的意义表达。受此影响，中国学生在使用英语时常按照汉语的习惯只是简单地把一连串的单句罗列在一起，不用或者很少使用连词。另外，英语和汉语在静态和动态方面也呈现出一定的差异。英语多倾向于用名词，因而叙述呈静态，而汉语多用动词，其叙述呈动态。例如，He is a good eater and a good sleeper 这个句子中只用了 eater 和 sleeper 两个名词，而相对应汉语应该是“他能吃能睡了”，如果要求学生把这个汉语句子译成英语，他们首先想到是“He eats and sleeps well”。英语名词化的特点使许多中国学生感到不适应，在写作中这一点表现得最为突出。

迁移并不一定一直带来不好的影响。在有很多情况下，因为英汉语言间有着不少相似或是吻合之处，中国学生在英语学习的过程中，可以依托自身已有的汉语知识基础，为后续的英语学习带来促进作用。例如，汉语中的形容词都位于它所修饰的名词之前，而英语也同样如此，当学生学习了 beautiful 和 flower 两个词之后，就会很自然地说出“a beautiful flower”。

虽然这些都是简单句，但是几乎所有的复杂句都是建立在简单句的基础之上的，这就使得中国学生在学习英语时可以利用汉语知识实现正迁移。

影响汉语和英语关系问题的因素还有语言的社会功能。一个民族的母语是其民族的特征之一，母语教学对于培养学生的爱国主义情感具有重要的意义。假如由于学习英语而忽略母语，会引发极为严重的不良后果。在新加坡地区，不少有识之士强调新加坡 20 年来的母语教育失败是引起社会凝聚力低下这种不良情况的主要原因。事实上中国也有不少类似问题存在，“出国潮”问题也与之存在一定关联。

在处理汉语和英语的关系方面应该注意以下两个问题。

（1）在全社会重视英语教学的同时，绝不要忽视汉语的学习。经济全球化及科技国际化政策在演变成新时代的鲜明特征中，英语在国际交流互动当中是非常关键且重要的沟通工具，其在沟通当中发挥的价值得到了人们的普遍认可。目前，中国人学英语的热情空前高涨，从咿呀学语的幼儿到白发苍苍的老人，学习英语者不计其数。从幼儿园一直到大学，英语教育都是教育主管部门和学校领导关注的重点问题之一。与此同时，全国公共英语等级考试，全国大学英语四、六级考试等国内外不同层次的英语考试也为英语的学习热潮推波助澜。另外，为了满足人们英语学习的需求，各种各样的教学方法，丰富多彩的学习用书、音像制品和软件也应运而生。这对于创造良好的英语学习环境，培养具有国际竞争能力的高素质的人才，提高我国在国际竞争中的实力无疑是一件好事情。但是，这样的环境很容易给人们，尤其是中小学生（包括许多家长在内），造成一种错觉，觉得英语的重要性要高于汉语，导致汉语学习受到忽视。忽视英语是一种错误的做法，而由于过度关注英语，反而忽视母语学习，同样是错误的做法。

（2）克服负向迁移，促进正向迁移。针对英汉语言间的关系，存在两种完全相反且都不可取的态度。其中一种态度是依托汉语进行英语教学，这显然是不可取的。英语教学的目的，首先是培养学生使用英语进行交际的能力。这种能力必须是通过学生大量地接触英语和使用英语才能获得。英语教学课时比较少，要想在有限时间内引导学生最大化地接触与应用英语语言，就必须尽可能地使用英语进行课堂教学。对于中国的英语学习者来说，汉语是他们的母语，学生在学习英语时会自觉或不自觉地与汉语进行比较，如果在教学过程中过多地采用汉语，学生就会很难摆脱对汉语的依赖，养成一种以汉语作“中介”的不良习惯，在听、说、读、写等语言活动中会不断地把听到的、读到的及要表达的英语先转换成汉语，这样就很难流利地使用英语，也不可能写出或讲出地道的英语。另一种态度是完全摆脱汉语，全部用英语教学，这不仅难以做到，而且也是不可取的。

英语课堂上使用汉语要注意以下两点。

①汉语作为教学手段，使用方便，易于理解，但是汉语的利用不能过分。在解释某些抽象意义的单词或复杂的句子时，如果没有已经学过的词汇可以利用，可以使用汉语进行解释，另外也可以对发音要领、语法等难以用英语解释的内容使用汉语进行简要的说明。

②利用英语和汉语之间的比较，可以提高教学的预见性和针对性。某些内容是英语所特有的，学生学起来就比较困难，教师应该有针对性地将其作为教学的

重点，并适当增加练习量。对于两种语言中相似但是又不相同的内容，学生很容易受到汉语的干扰，教师在教学过程中要多加注意。

（二）语言知识与语言技能之间的关系

语言知识主要包含三个层面的内容，分别是语音、语法、词汇。语言知识是英语综合应用能力的一部分，也是形成和提高语言技能的基础。促使学生掌握一定的英语基础知识，是英语教学要达成的一项基本目标。语言是交际的工具，而语言首先是有声的，正是通过人的发音器官发出的声音，才能达到交际的目的。在英语语言当中，语音和语法、构词法、拼写均存在非常紧密的关联。提高语音的掌握水平不但有利于听说技能的获得，而且也有助于语法和词汇的学习。

词汇包括英语中的单词和习惯用语。词这一概念是大家非常熟悉的，但是对词下一个准确的定义却不容易。语言学家对词下的定义说法不一，措辞不同。概括来说，词是语音、语意和语法三者特点的统一体，是语句的基本结构单位。每个词都有一定的语音形式。在口语中，主要是通过语音区别于其他的词。每个词都有一定的意义，这些意义根据其层次又被分为字面意义和隐含意义两种。字面意义是词的“本义”，隐含意义是指词的本义以外的意义，即附加意义。例如，一个词对不同的人来说还有许多其他的特性，如gentle、weak等。一个词的含义，有些可能是文化背景、社会背景、性别或年龄相同的人所共识的；另外一些含义则因个人的经历不同而不同。每个词还都有一定的语法特点，在句子中充当一定的功能，词的功能改变，有可能会引起词义的变化。

英语中的习惯用法又被称作习语，具有语义的统一性和结构的固定性两个特点。习惯用法是固定的词组，在语义上是一个不可分割的统一体，其整体意义往往不能从组成该习语的各个单词的意义中推测出来。词汇是构筑语言的材料，尽管具有大的词汇量并不意味着一定会具有高的语言能力，但是，要想具备较好的语言技能就必须要掌握足够的词汇。

语法是指关于一种语言结构的描述，说明其中的词和短语等是如何结合起来而形成句子。语言是词的一种线性排列，这种排列不是任意的，而是遵循一定的规则，这种规则是本语言使用者能共同接受的。不同的语言具有不同的语法，汉语与英语的语法就具有很大的差异，英语学习者要想使用英语进行交流就必须遵守英语的语法规则。

语言技能是指运用语言的能力，包括听、说、读、写四方面。其中，说和写被称作产出性技能，而读和听则被称作接受性技能。听是指辨别和理解口语语言的含义；说是运用口语表达思想，输出信息的能力；读是辨认和理解书面语言，即识别文字符号并将其转换为有意义的信息输入；写是运用书面语表达思想，输出信息的能力。这四项基本语言技能是学习和运用语言所必需的，也是学生进行交际的重要形式。它们不仅帮助学生提高综合语言运用能力，还是获取和处理信息的基础与方法。

语言能力包括语言知识和语言技能两个方面，这两者相互影响、相互促进。首先，语言知识是发展语言技能的基础。如果没有一定的语音知识、足够的词汇量及对语言语法的了解，就无法掌握任何语言技能。而学习语言知识通常需要通过听、说、读、写等活动来感知、体验和获得。在英语教学中，处理语言知识与语言技能间关系时要注意以下几点。

（1）语言知识与语言技能同时兼顾，防止厚此薄彼。语言知识和语言技能是英语教学的基本目标，也是构成语言能力的重要组成部分。然而，在传统的语法翻译教学法中，过于强调对语言知识（主要指语法）的传授，却忽视了对语言技能的培养。因此，交际教学法应运而生，它是在批判传统教学方法的基础上建立起来的。交际教学法注重培养学生的语言技能，使其能够流利地运用英语进行交流和表达。

语言知识是能力的基础，认为强调语言能力就可以忽视语言知识的观点是不对的。语言的综合能力是多方面的，除了语法知识，还有社会语言学能力（如在完成某些言语行为时所采用的恰当语言形式的能力）、语篇能力（如观察和使用各种衔接手段和照应手段等）和策略能力（也就是交际策略，如在交际遇到困难时使用某些手段回避等）。这就意味着：①语法还要学，不学语法，语言技能无从谈起；②学习语法不是为了掌握某种理论体系，而是为了正确地使用语言，而且不仅要保证语言的语法规范，还要保证其社会文化规范；③语言能力不仅是单个句子的，也是关于语篇的。英语教学不仅是传授和学习知识，还需要把语言知识的学习与语言技能的培养有机地结合。在提高语言技能质量的同时，也要注重语言知识的学习。

（2）语言知识的教学要立足于语言实践活动。在英语教学中，传授语言知识并不仅仅是简单地讲解语法规则和单词意义。特别是在基础阶段，教师应该通过听、说、读、写等实践活动来帮助学生学习英语，并且注重培养他们的语言技能。因此，语言技能的训练是教授语言知识的基本途径。在教学过程中，教师可以采用提示、注意和观察、发现、分析、归纳、对比、总结等多种方式进行传授语言知识。重要的是要有意识地让学生参与到这些过程中，让他们在学习语言知识的同时也得到科学的思维方法训练。

（3）听、说、读、写四项技能协调发展，不能截然分开。对于英语初学者来说可以从听说开始，但是读写很快要跟上。在处理英语四项技能的关系时，教师需要注意避免两种错误的倾向。一种是不应该让学生只接触纯粹的“听说法”，因为这并不符合中国人学习英语的国情。事实上，中国人最容易创造的是阅读输入环境。另一种是教师也不应该过分地强调客观条件，片面夸大读写的重要性。这样做容易导致学生只能说“哑巴英语”或者听起来像“聋子英语”。

二、英语教学的本质内涵

（一）英语教学的定义

在了解英语教学的内涵之前，首先需要对教学这一概念进行了解和掌握。由于对教学的关注点不同，不同学者的定义也有所差异。

“教学”包含“教与学的并列关系”及“教授学习的使动关系”两个层面的关系。从这两个关系出发，能够看出教与学的辩证关系和双向关系。教与学是息息相关的，学是教的基础，教是从学的角度出发，并以学为目标。教的规律和学的规律在一定程度上是统一的。

《朗文词典》将“teaching”定义为“教书、教学”。此外，它还将“teachings”阐述为“教导、学说、教义”的意思。由于英语是外语，在中国，由于缺乏英语使用环境和对象，这给英语教学带来了一定的挑战。然而，英语教学对学生的英语水平和语言运用能力有着直接的影响。对于教师来说，他们需要引导学生进行有效的学习活动；而对学生来说，教学是在教师的引导下的学习活动。学生是否得到发展是教学能否实现其目标的关键。教学是一个师生互动的过程，是教师教和学生学，共同完成预定任务的双边统一的活动。

具体来说，英语教学的内涵主要体现在：英语教学是一项有目的的活动，其目标在不同阶段具体分为不同的领域和层次。这种系统性主要由教育行政机构、教研部门和学校的管理者等制定。计划性是指对英语基础知识进行有序的传授，如语音、词汇、语法、写作和阅读等具体知识和技能。为了实现这些目标，英语教学需要采用合理的教学方法和教育技术。随着现代科学技术的发展，尤其是信息技术的进步，教师可以借助多种教育技术来提高英语教学的效果。

综上所述，英语教学的内涵是在一定的教学目标和计划性下，借助适当的方法和技术，以传授和掌握英语知识为基础，促进学生整体素质的发展的教育活动。这种教与学相统一的活动需要教师在课堂上发挥重要作用，他们应该根据学生的实际情况和需求，采用不同的教学方法和技术来提高英语教学效果。同时，学生也应积极参与到英语学习中来，通过课堂学习和自主学习相结合的方式，不断地提高英语水平和综合素质。除此之外，家长、社会及其他教育机构也应该积极参与到英语教育中来，共同促进英语教学的发展和提高。

（二）英语教学的本质

1. 英语教学是一种语言教学

英语是一种重要的国际交际语言，所以对它的教学就是一种语言教学。从英语教学的发展历史来看，英语教学离不开英语知识教学，以英语知识为基础的英语教学有利于学生运用英语能力的培养。

英语教学其本质应该是培养学生综合运用英语的能力。需要特别指出的是，一些以学习语言知识为目的而进行专门研究的语言教学并不是以运用语言为目的的，因此这种教学并不属于语言教学的范畴，如对古希腊语的研究、古汉语的研究等。这些语言在当今社会几乎不再使用，因此对这种语言的学习需要和语言教学区分开。

2. 英语教学是一种文化教学

文化孕育语言，语言反映文化，二者有着密切的关系。在进行英语教学的过程中，不仅需要学习者了解基本的语言知识，也需要培养和提高其英语思维能力，从而便于日后的语言使用。从这个意义上说，英语教学也是一种文化教学。

三、英语教学各要素的内涵

（一）英语教师的角色内涵

教师的角色是指教师在教学中的职责及其职业特点。随着教学改革的开展，教师角色的内涵变得更为丰富，不再只是知识的传授者和教学的主宰者。当代教师角色的新内涵主要包括：教师是知识的传授者、课堂的引导者、行为的评价者、活动的组织者和促进者、参加者、教学的研究者和学生学习的激励者。

教师的责任不只是传授知识，还应教会学生做人的道理；教师作为课堂的引导者，在教学活动中应充分发挥其主动作用，既要控制好学生的学习情况，还应注意把控课堂、教案的执行程序及教学时间；行为的评价者是指教师在教学过程中记录下不同学生在学习上的问题及不足之处，同时适时地予以反馈。需要注意的一点是，教师纠正学生错误时，应注意措辞，尽可能地以学生能接受的形式加以纠正，避免伤害学生的自尊；教师是课堂活动的组织者和促进者，由于学生是课堂活动的主要参与者，因此教师在组织活动时应首先考虑到学生因素，将教学活动的目的、任务、开展的方式及流程等告诉学生，便于他们了解活动的各个环节，从而使其行为更具针对性，以顺利达成活动目的；学生在学习过程中遇到困难是在所难免的，此时教师应为学生提供相应的帮助，引导学生将当前所学的内容与已有的知识结合起来，形成一种新的知识建构。

此外，教师还是参与者、研究者、激励者。在教学活动中，教师可以为学生提供丰富的背景知识、答案、范例、机会等，这些都会促进学生的学习。教师在教授知识的同时也在进行教学研究，在教学过程中不断发现问题，并解决问题，将课堂教学与科学研究结合起来完善自己的教学活动。作为激励者，要以学生为中心，引导并鼓励学生进行学习。要做到这一点，教师必须具备丰富的知识和教学经验，同时具有激励学生的能力。由上述分析可知，教师的角色多种多样，这些不同的角色都是社会、学校、家长及学生期望的一种反映。一名合格的教师应能够灵活地在这些角色之间进行转换，充分发挥自己的能力。

（二）英语教学主体对象内涵

主体性教育是根据社会和现代教育发展的需要，启发和引导受教育者以内在教育为主要需求目标，培养学生成为独立自主、自觉能动、积极创造地参与实践活动的社会主体。在整个教学活动中，学生是特定的认识主体和信息交换的主体。在教育活动中，学生的主体性发挥对教育活动的成效起重要作用。

1. 学生的特殊性

学生是一个特定的社会群体，既是社会存在的重要组成部分，又有着不同于其他社会群体的特殊性。

第一，学生具有全面发展素质，成为完整的人的可能。学生的特殊性表现在其是处在不断地接受他人教育的群体。无论是处在人生的哪一阶段，一旦成为学生，成为受教育对象，那么在家庭、学校和社会当中，需要不断地吸收各种有用的知识，使自己不断地成长，不仅有生理层面的成长，还有心理层面的提高。只有这样才能使学生的素质得到全面的发展，最终成为完整的人。

第二，学生都是有“目的”的。学生都有其需求的东西。“学”是指要学习的东西，学生学习知识都是有目的的，内容主要包括生存、学识、爱好等。在不同的年龄阶段，学生的目的也各不相同，但是唯一不变的是学生的学习都是有其存在的合理意义的，所进行的教学活动都是有章可循的。同时，学生是有情感的、有需要的，为了满足这些情感和需要，他们必须进行学习。

2. 学生的主体性

人的主体性是最基本的属性，因此发展人就意味着要发展其主体性。教育的根本功能是促进学生的全面发展，而这也正是教育的根本目标——培养和发展学生的主体性。

虽然学生是教育活动中不可或缺的主体，但对于学生主体性特征的定义却存在不同的观点。有些人认为，学生主体性并非简单地由各种特性相加而成，而是在对象性活动中表现出来的本质特征，包括能动性、社会性、自主性和创造性等。另一些人则认为，学生主体性是指作为认识主体在处理外部世界关系时的功能表现。教学中的主体性不仅表现在对外部信息的能动选择上，还表现在对外部信息的内部加工上，受到学生原有认知结构、经验、思维方法、情感、意志和性格等方面的制约，表现出独立性和创造性。还有一些学者认为，人作为主体的主体性由现实性、有效性、能动性、创造性和自主性构成。另外，也有人提出了整体性、独特性和发展性等特征。这些不同的研究角度和观点都有其独特的特点，对于教师拓展思路、促进学生主体性问题的思考有积极价值。

英语教学应面向全体学生，以学生学习方式为核心，注重培养学生的学习愿望、学习习惯及学习能力，同时还应关注学生自我评价、评价激励、反馈和调整功能，以使学生获得全面发展和终身学习。这些都赋予了学生新的角色意义，具体而言，主要包括主体、参与者、合作者、反馈者这四种角色。

3. 学生的本质特征

在科技日益发展的今天，“学生”的范围也在不断扩大，现在的学生不再局限地用年龄来区别，很多成年人为了自身更好发展重新返回校园接受再教育。尽管如此，对于学生的发展依旧有下列特点。

第一，作为未定型的人，具有发展的空间和潜能。传统意义上的学生都是指在校的未成年人，在学习中有足够的选择空间，在发展的程度上有足够的挖掘深度。也正是因为这种未定型，才会成为国家、社会需要的多样化人才。

第二，作为未社会化的人，具有发展的必要。学生大多在校园里生活，在学习中有必要对其进行正确的引导，从而使学生能够在离开校园踏上社会后有足够的能力应对各种问题，规划自己的道路。

（三）英语教学内容和教学方法的内涵

1. 英语教学内容的内涵

教学内容主要包括语言知识、语言技能、学习策略、文化意识和情感态度这五方面。

语言知识是英语综合运用能力的一个组成部分，同时也是语言学习和运用的重要方面。学生语言能力的提高必须以扎实的语言知识为基础。英语基础知识主要包括语音、词汇、语法、功能和话题等内容。这五个方面的内容并不是孤立的，而是相互影响、相互作用的。语音、词汇和语法（语言形式）可以在一定的话题中得到体现。学生在运用语言时，不仅要具备话题知识，还应掌握语言形式在一定话题中所具有的功能。只有当他们既掌握语音、词汇和语法，又具备语言功能和话题方面的知识时，才能在交际中恰当地运用语言。

语言技能包括听、说、读、写、译这五项内容。在这五项基本技能中，听是对话语进行分辨与理解的能力；说是运用口语进行表达的能力，也是运用口语输出信息的能力；读是对书面语言进行辨认与理解的能力；写是运用书面语进行表达的能力，也是运用书面语输出信息的能力；译是综合运用语言进行输入与输出的能力。学生英语综合运用能力的提升是建立在大量听、说、读、写、译的专项和综合性语言实践活动基础之上的，从而服务于真实的语言交际。需要指出的是，在不同的教学阶段，对学生的语言技能要求是不同的。

学习策略是指在学习过程中，采取各种行动和步骤以提高学习的有效性。英语学习策略包括认知策略、调控策略、交际策略和资源策略等。正确的学习策略不仅可以改进英语学习方式，提高英语学习效果，还可以帮助学生进行自主和独立的学习。这些策略为学生的终身学习打下了坚实的基础。因此，在英语教学中，教师要有意识地引导学生形成符合自身特点的学习策略，并对自己的学习过程与学习效果进行监控和反思，培养学生根据学习风格调整学习策略的能力。同时，教师还有必要引导学生观察与分析他人的学习策略，与其他同学交流学习体会，尝试不同的学习策略，互相借鉴，共同进步。

文化意识也是英语教学内容的一个重要组成部分。在英语教学中，文化是指英语国家的历史、地理、风俗人情、传统习惯、生活方式、文学艺术及行为规范和价值观念等方面。语言与文化之间密不可分，因为语言既是文化的载体，也是文化的反映。因此，在学习英语的过程中，了解英语国家的文化知识是非常重要的。所以，教师应注意文化意识的传递，结合学生的年龄特点及认知能力，向学生传授文化知识，培养他们的文化意识和世界意识。此外，教师还应注意引导学生在学习其他民族优秀文化的同时更好地继承、发扬中华民族的优良传统，培养学生形成“传承文明，开拓创新”的意识和能力。

情感态度主要包括两个方面：一方面，对学生学习过程和学习效果有影响的因素，如兴趣、动机、自信、意志和合作精神等；另一方面，学生在学习过程中逐渐形成的祖国意识和国际视野。在学习过程中，学生通常会受到各种情感因素，如价值观、意志、理智、动机及教师的人格、态度、情感投入、教学风格等的影响。因此，在英语教学过程中，教师有必要对学生的情感予以关注，帮助学生形成积极向上的情感态度。具体而言，教师应注意激发并强化学生的学习兴趣，同时引导学生逐渐将兴趣转化为稳定的学习动机，提高自信，正确看待学习过程中的进步与不足，培养团队合作意识与创新精神，并养成良好的个人品格。

2. 英语教学方法的内涵

教学方法有很多种，有效地促进了英语教学的发展。这些教学方法包括翻译法、直接法、自觉对比法、听说法、视听法、认知法、功能法及由此派生出来的口语法、全身反应法、自然法、暗示法、沉默法、交际法等。实践证明，没有哪一种教学法是最好的，也没有哪一种方法适用于所有时期、所有地区、所有教学内容。不同的教学法对不同的语言知识、语言技能各有侧重，这就要求教师在英语教学中综合、灵活地运用各种教学方法，才能有效地促进学生英语能力的提高及学生的全面发展。如果教师仅仅采用某种单一的教学法，必然会影响学生的学习效果。需要说明的一点是，在英语教学中，教师无论选择使用哪种教学方法，都必须以学生的语言交际作为教学的出发点，尽可能使课堂教学贴近学生的实际生活，引导并鼓励学生将所学的语言材料灵活地运用于新的生活场景中。同时，教师应力求使教学过程交际化，选用来自真实生活且适合学生年龄的教材内容。

（四）英语教材和教学环境的内涵

教材既是英语课堂教学的依据，又是学生学习的载体，学生习得英语语言主要是通过教材。由于教材编写水平与资料有限，任何教材的编写都难免存在一些缺陷。这就要求教师在课堂教学中灵活处理不同的教材，考虑学生的感受，对教学进度和教学方法进行适当的调整，以提高教学效果。教师要懂得因材施教、因人施教。

教学环境主要是由社会环境、学校环境及个人环境这三种要素构成。社会环境是指社会对英语的需求情况、社会制度、国家的教育方针、英语教育政策、经济发展状况、科学技术水平及人文精神。社会环境是影响英语教学的首要因素，指引着英语教学的方向。学校环境是学生学习英语知识的主要环境，对英语教学效果具有直接的影响作用。学校环境由多种成分组成，如课堂的设置、学生接触英语的时间、教学设施、教师的素质、班级人际关系等。个人环境主要包括学生家庭成员的社会地位、经济条件，对英语的态度，与同学、朋友之间的关系和感情及学生自己所拥有的学习设备、用具等。

第二节 高校英语教学影响因素

众所周知，高校英语教学承担着教书育人、开阔视野的作用。但是高校中也存在一些教学难题，如教学目的缺乏有效性、教学方式固定化、教学设计简单、教学指令不清、教学互动不足、终身学习和兴趣培养不足、师资力量参差不齐等。

一、我国高校英语教学的现状与困境

（一）我国高校英语教学现状分析

1.教学目的缺乏有效性

就老师而言，“师者，传道授业解惑也。[①]”老师作为英语教学的引路人，起着很重要的作用。在我国众多高校中，不难发现，英语教师经常会问一些通俗化的问题或者学生能直接找到答案的问题。然而这些问题大多缺乏有效性和实证研究，以致学生在盲目回答中空耗课堂教学时间。英语课堂上教学目的缺乏有效性，题设不明确，会使得教学主体和教学对象思维固化，甚至出现无效思维、乱序思维的情况。

2.教学方式固定化

高校教学方案往往根据本校教学培养方案制订，然而我国大多高校的培养方案每年甚至多年不更新。很多老教师经常沿用以往的教案。固定的教学内容，能让教师自身发挥的不多。当然就学生而言，一方面，他们接受的教学内容是教师多年教学经验和知识精华的总结，只需要快速吸收即可掌握。另一方面，部分教学内容也与当今社会实际相脱节，学生不能明辨过时的糟粕，以至于不敢提出任何质疑。这种咀嚼式的教学看似对学生十分有利，但从长远看，并无多大益处，导致学生丧失的批判性思维和理性思维难以弥补。

3.教学设计简单

在高等院校教学中，经常看到这样的现象，教师利用翻转课堂及探究式学习的方式提高学生的独立思考能力和创新能力。然而从实践过程看，大多数学生都是在看热闹。这种做法一方面对教学内容缺乏“少而精”的提炼，另

① 彭健．中华传统美德的守望与接力[M]．北京：新华出版社，2022.

一方面折射出教学设计过于简单，缺乏可操作性的现状。笔者认为，教学设计尝试多样化，这是值得肯定的，但是或许有更好的教学设计来完善课堂教学。

4. 教学指令不清

在小组探究式学习中，常常看到很多学生不按照要求进行讨论，也不知道如何融入小组教学活动中，导致个别学生无事可做，小组组长承担了小组探究的全部任务，成了探究的主体，其他学生则充当了教学的旁观者，造成课堂时间被大量浪费，小组合作的学习方式没有真正做到高效、自主。

5. 教学互动不足

高效教学课堂是指教学主体和教学对象共同参与，这也是被经常提到的教学相长型师生互动关系。但是在高校英语教学中，教师通常在课堂上先入为主，以自我为中心，使得教学对象找不到与老师的契合点或互动点，达不到良好的互动效应。课堂教学中，英语教师经常向学生提问，然而学生一味地为了回答问题而回答问题，从而触碰不到师生良性互动的点，导致互动效果难以发挥。

6. 终身学习和兴趣培养不足

目前大多数高校将英语教学安排在大学一年级和大学二年级（英语专业除外）。这样很多大学一年级、大学二年级的学生学习英语仅是为了完成学业，大学三年级、大学四年级部分有余力的学生，又无法继续深造，最终导致两极分化严重。学生兴趣难以培育和保持。

7. 师资力量参差不齐

不难发现，现在部分高校还面临着英语教师稀缺，外籍英语教师和骨干教师引进困难且流失严重的问题，使得高校内部英语教师整体师资力量薄弱。另外，还有部分高校英语教师多是本科或研究生学历，获取博士学位的人屈指可数，师资力量参差不齐，不利于教学质量的提高。

（二）我国高校英语教学面临的困境

当前，在全球化知识经济时代的大背景下，社会对个人知识、能力和素质有了更加全面的要求。大学承担着教书育人的重要任务，是学生系统掌握英语知识的关键时期，但从目前我国高校英语教学现状看，不少高校仍以应试教育为主，辅以少量实践教学，使得学生只会一味地被动获取知识，这种做法严重损伤了学生的自主学习意识和探究学习意识，一定程度上加重了学生的学业负担和心理负担。本节就高校英语教学所存在的诸多问题进行探讨，旨在帮助学生养成良好的英语学习习惯，促进学生全面、均衡发展。

1．“高投入，低产出”现象严重

“高投入，低产出”现象是制约我国英语教学发展的问题之一，主要表现在：在中、高考阶段，英语作为一门通识课，受到所有教师和学生的重视。但到了大学以后，英语开始出现两极分化，即专业英语和公共英语，英语专业的学生能够继续深入学习英语，而其他专业只开设两到三个学期的英语课，导致学生英语学习的纵深度不够。大学毕业后，英语能力较强的学生为数不多，应用型人才严重不足，出现了“高投入，低产出”的现象。

2．学时与分级教学的再增加

从目前高校培养计划看，每一届学生的学时数都较上一年度有所增加，这几乎成了我国所有高校的一个通病。不仅如此，各大高校越来越重视全国大学生英语四、六级考试，甚至与学位证挂钩，将高中的应试教育继续延伸到大学，尽管许多高校大力推崇素质教育，但在实际上还是以分数“论英雄”。这不仅损害了学生的自信心，而且还损伤了学生学习英语的积极性。

3．缺乏严谨的教学方法和教学管理制度

目前，众多高校的英语教学纯粹只是为了完成教学计划，对于学生的旷课、早退、玩手机等行为置之不理，临近期末考试，教师将考试内容甚至题目直接告诉学生，导致大部分学生的英语课变成了单纯的“混日子”，甚至一些学生的英语水平连英语四级程度都不能达到。除此之外，还有部分高校的英语教师让没有毕业的英语专业研究生代课。这些代课教师缺乏教学经验和相关的理论知识，导致高校整体英语教学水平下滑，英语教学管理制度成了一纸空文。

4．网络语言的作祟

随着互联网时代的到来，大量的网络语言和流行语也随之出现，这给英语教学也带来一定影响，尤其是对于部分英语成绩不算好的学生，网络语言和流行语进一步影响了他们对英语准确度的认知。不良网络语言的肆虐带来的是教育质量的下滑，教育质量的下滑带来的是个人品质的下降。这种连锁反应往往是在人不自觉的状态下产生的。对于网络语言和流行语，如果不加以仔细辨别，很多学生极易误入“歧途”。这些都给高校英语教育的质量带来了很大的冲击，亟待英语教学的改革。

5. 缺乏实践教学

我国目前的高校英语课，仅仅是简单的教室上课，与线下实践存在不同程度的脱节。实际上，英语是一门非常重视实践的应用型学科，它的主要目的是培养学生实际交流的能力，单纯采用灌输式的教学手段，是无法达到预期教学效果的。作为英语教学实践的主体，学生应多参加各种英语交流活动，但实际上一些英语交流活动往往只是流于形式，没有起到真正的作用。

二、影响我国高校英语教学的因素

在我国的高校英语教学中，教学因素包括教育政策、教学环境、教学媒体、教学内容、教学方法、教师及学生。教学包括“教师教”与“学生学”两个部分，教学活动是教师采取一定的方法帮助学生掌握知识、提高能力的过程。在这个过程中，教师对学生的了解、分析与定位是整个教学活动顺利进行的基础。

（一）高校英语教师层面

教师是高校英语教学的重要因素，在英语教学中起着主导作用。在英语课堂上，教师主要充当两种角色，即掌控者和引导者。作为一名合格的英语教师首先应该具有纯正的发音。然而，并非所有的英语教师都具有纯正的发音，所以教师可借助多媒体等手段弥补自己的不足，确保学生在课堂上所听的内容都是纯正的。其次，教师在讲解单词、句子、课文时，应该穿插一些解释，对难懂的词语要不断重复讲解。在多数英语课堂上，教师的讲话占据课堂大部分的时间，不可否认，教师的讲话有利于学生的语言习得，但也不能因此牺牲学生的练习时间。最后，教师还要注意不断变化教学的形式，以增强课堂的趣味性。一位合格的英语教师还应具有一定的应变能力，能预测课堂活动中出现的状况，能很好地处理课堂上的突发事件，确保课堂活动的有序开展。

此外，教师应该随时调整自己的提问方式、语言运用、提供反馈的方式。在英语课堂中，提问是教师常用的一种教学手段。提问帮助教师对某些知识结构进行导入。另外，语言运用的方式也很重要，为了让学生对所讲述知识有一个充分的了解，教师在教学中可以采用重复话语、降低语速、增加停顿、改变发音、调整措辞、简化语法规则、调整语篇等措施。学生是英语教学的重要反馈者，同样，教师的反馈也是十分重要的。提供反馈是指教师为学生的学习情况提供反馈。教师的反馈可以是对学生的回答，如表示学生问答正确或错误、赞扬鼓励、扩展学生的答案、重复学生所答、总结学生回答、批评等。

（二）高校学生个体层面

在高校英语教学的过程中，学生扮演着以下四种角色。

（1）主人。经过教师的有效指导，学生不仅学到了英语知识，培养了英语交际能力，而且在学习过程中通过对知识的探索、发现、吸收和内化等实践培养独立自主的学习能力，并形成科学的世界观、人生观和价值观。因此，学生是英语教学的主人。

（2）参与者。作为英语教学的主人，学生应积极主动地参与到各项活动中去，积极思考、勤于表达，在活动中充分展示自己的才能，提高自己的沟通、理解、协调能力。

（3）合作者。课堂教学活动的开展离不开教师与学生、学生与学生之间的相互配合。因此，学生应与其他成员积极合作，并在合作过程中互相学习、互相帮助、彼此促进、共同提高。

（4）反馈者。在英语教学中，学生对教学的反馈是教师教学的重要依据。学生应与教师及时、真诚地交流学习感受，对教学法的实用性向教师提出建议或意见，以此促进英语教学。

此外，学生个体间也是存在差异的，这种差异会对高校英语课堂教学产生较大影响。主要体现在以下几个方面。

1. 智力层面的差异

智力即认识方面的能力，它是高度的观察力、注意力、记忆力、抽象逻辑思维能力和想象力的总和，也是进行抽象思维、解决问题和学习的能力。许多学者都对智力进行过不同分类，目前被广泛认可的分类是世界著名教育学家霍华德·加德纳（Howard Gardner）的多元智力理论，该理论能够很好地满足不同文化背景的学生的需要。加德纳认为，智力是指特定文化背景下的一种解决问题或制作产品的能力。人类智力包括以下八种类型：

①逻辑能力－数学智力是指人们敏锐的辨别能力，以及运用逻辑或数字思维方式进行连锁推理的能力；②自我认识智力是指人们对自己感觉的把握和辨别能力，以及利用这些感觉来指导行为，了解自己的长处、弱点、需要和智力能力；③身体运动智力是指人们对身体运动的控制能力及熟练的器械操作能力；④自然智力是指人们对自然物种的敏感性，能够进行精细的感觉辨别；⑤空间智力是指人们对视觉空间的精确感知能力，以及能够对最初的感知进行修正；⑥交际智力是指人们辨别他人脾气、心情、动机和需要的能力，以及作出恰当反应的能力；⑦音乐智力是指人们对节奏、音调和音质的创造及欣赏能力，以及对音乐表达方式的欣赏能力；⑧语言智力是指人们对声音、节奏和词义的敏感性，以及对语言不同功能的敏感性。

智力水平与英语学习存在一定的关系，能够很好地预示一个语言学习者能取得何等程度的成功。在英语学习过程中，智力对词汇学习、语法学习、阅读学习、写作学习影响较大，但是对听力学习和口语学习的影响要小一些。因此，大学英语教师要注意学生在智力因素上的差别，避免教学过程中的千篇一律，要为不同的学生分配不同的学习任务，提出不同的学习要求。同时，教师不能用智力差别的标准去衡量学生的口语能力，对学生的口语要求应尽量统一。

2. 语言潜能的差异

语言潜能最基本的定义是一种固定的天资。某些人较其他人有更高的水平。有这种能力的人，在语言学习方面可能会取得更快的进步。卡洛尔（J.B.Carroll）认为，语言潜能包括语音编码、解码的能力，即关于输入处理的能力；归纳性语言学习的能力是有关语言材料的组织和操作的能力；语言敏感性是从语言材料中推断语言规则的能力；联想记忆能力是关于新材料的吸收和同化能力。每个学生的语言潜能都存在差异。在英语教学过程中，教师应了解学生的语言潜能，从而因材施教，使其针对不同的学习任务在不同场合发挥各自的长处，以收到事半功倍的效果。

3. 认知风格的差异

认知方式，也称认知风格，是指个体在进行认知过程中所表现出的习惯化行为模式。这种行为模式不仅包括个体在感知、记忆和思考等方面的差异，还涵盖了个体态度、动机及人格形成等方面的差异。因此，认知方式是一个综合性的概念，它反映了个体在认知过程中所表现出来的独特风格和能力。每个学生都有各自不同的认知风格。然而，不同的认知风格又有优劣之分，但这并不体现在学生的学习成绩上。每个学生都有自己偏爱的信息加工方式，在学习不同材料时也会各有所长。当学生的认知风格与教师的教学风格、学习环境中的某些因素相吻合时，就会获得较好的学习成绩。所以，教师要了解和尊重学生认知风格，针对不同学习任务和学习环境因材施教，正确引导，使自己的教学特点与学生的需要有机地结合起来，从而获得良好的教学效果。

4.情感因素的差异

（1）学习动机。学习动机是指激发个体进行并维持已引起的学习活动，并使其行为朝向一定的学习目标的内在过程或心理状态。它是直接推动学生进行英语学习的内部动力，也是影响英语学习成绩的一个关键因素。这种内在驱动力来源于学习活动本身，同时也是学习活动能够启动、持续和完成的重要条件。因此，学习动机对英语学习效果有着深远的影响。

（2）性格。性格是一个人对待现实的态度和行为方式表现得稳定但又可变的心理特征。对于学生来讲，性格是一种重要的情感因素，也是决定其英语学习成功的关键因素之一。通常来说，人们的性格可以分为外向型和内向型两种。美国心理学家阿尔伯特·埃利斯（Albert Ellis）的观点是，外向型的学生更适合于交际方面的学习，因为他们喜欢社交、不怕出错，能积极参与英语学习活动，在活动中寻求更多的学习机会。而内向型学生则在发展认知型学术语言能力方面更具优势，因为他们善于利用沉静的性格从事阅读和写作。对于教师而言，研究学生在性格上的差异是为了充分地了解学生的个体差异和不同的心理状态，以便发挥不同性格学生的优势，并因材施教。

（3）态度。态度是个体对他人或事物的稳定的心理倾向或为达到某种目的而作出的努力。学习态度一般包括情感成分、认知成分和意动成分。情感成分是对某一个目标的好恶程度；认知成分是对某一个目标的信念；意动成分是某一个目标的行动意向及实际行动。通常来讲，获得好的学习效果应该对异质文化具有好感，向往其生活方式，渴望了解其历史、文化和社会习俗等。另外，学生对学习材料、教学活动的组织形式及对教师的态度都会影响到他们语言学习的效果。

（三）教学环境层面

教学环境是由多种不同要素构成的复杂系统，它包括广义和狭义两个层面。广义的教学环境是指影响整个学校教学活动的全部条件，其中物理环境和心理环境都扮演着重要角色。物理环境包括教室的大小、布局、设备等，心理环境包括学生和教师之间的互动、学校文化氛围等。狭义的教学环境是指班级内影响教学的全部条件，如班级规模、座位排列方式及师生关系等。在此，我们将教学环境的要素总结为以下几个方面。

（1）社会环境。社会环境是影响和制约英语教学的重要因素，它主要涉及社会制度、国家的教育方针、科学技术水平、经济发展状况、人文精神、英语教育政策、社会群体对英语学习的态度及社会对英语的需求程度等。英语教学发展的主要动力是社会环境，它对英语教学有着极强的导向作用。

（2）学校环境。为学生提供学习场所和学习手段的最佳环境是学校。学校环境对英语教学的影响是最重要和最直接的，它决定着大部分学生英语学习的成败。学校环境主要涉及课堂教学、接触英语时间的频率、班级的大小、教学设施、教学资料、英语课外活动、英语教师及其他教职工对英语的态度和其英语水平、校风班风和师生人际关系等。

（3）个人环境。个人环境也会对学生的英语学习具有一定的影响。个人环境一般包括学生的家庭成员、同学、朋友的社会地位，物质生活条件，文化水平，职业特点和对英语学习的态度、经验、水平及学习方式，成员之间的关系及感情，学生的经济状况，拥有的英语学习设备和用具等。

教学环境对英语教学有以下四个方面的影响：第一，教学环境能够使教师在教学中更加努力地营造良好的课堂环境，充分利用现代化教学设备，优化教学环境，提高学生对英语语言的运用能力；第二，教学环境可以帮助教师正确认识环境对学生英语学习的影响，结合我国英语教学的现状，理性地分析、判断和选择其他国家英语教学的理论和方法；第三，教学环境可以帮助教师有效地加工语言输入材料，科学地设计语言练习，创造良好的课堂英语使用环境；第四，教学环境有利于教师在不断学习和实践中优化课堂教学环境的策略，以及在创设良好的英语教学环境的过程中提高其自身的教学素质。

（四）教学内容层面

教学内容是指在教学活动中为实现教学目标，师生共同作用的知识、技能、技巧、思想、观点、概念、原理、事实、问题、行为习惯等的总和。教学内容是一种特殊的知识系统，既有别于语言知识本身，又不同于日常经历；既要考虑英语学科本身的知识体系，又要考虑学生的年龄特点和实际需求等。一般教学内容主要有以下五个方面。

（1）语言知识。综合英语运用能力的有机组成部分就是英语语言知识。语言知识是语言学习和语言运用的重要内容。英语语言能力以语言知识为基础。

（2）语言技能。英语语言的技能主要包括听、说、读、写四个方面，它们是形成综合英语语言运用能力的基础和必要手段。听的技能是分辨和理解话语的能力；说的技能是运用口语表达思想、输出信息的能力；读的技能是指辨认和理解书面语言的能力；写的技能主要指运用书面语表达思想、输出信息的能力。在大量听、说、读、写等专项和综合性训练中，学生将会形成这四种技能的综合运用能力，为真实的语言交际奠定基础。

（3）情感态度。情感态度是指兴趣自信、意志和合作精神等影响学生学习过程及结果的相关因素。积极的情感态度有利于发挥学生潜在的各种技能；相反，消极的情感态度会阻碍语言学习能力的养成。因此，教师在教学活动当中，应该积极培养学生的学习兴趣，引导学生把兴趣转化成持久稳定的学习动机，从而形成积极的情感态度。

（4）文化意识。文化意识是指所学语言国家的地理、历史、风土人情、传统习俗、生活方式、文学艺术、行为规范、价值观念等。对学生来说，通过对英语国家文化进行充分学习和研究，能够强化对英语语言的理解能力，为后续的语言应用打下基础，并在这一过程中提升人文素养，形成世界意识。因此，教师在英语教学中要注重对学生文化意识的渗透，根据学生的年龄特点和认知能力，传授文化知识，培养文化和世界意识。

（5）学习策略。学习策略是学生为有效学习和发展所采取的各种行动与步骤，主要包括认知策略、调控策略、交际策略、资源策略等。培养学生的学习策略可以促使他们有效地学习，并能为终身学习奠定基础。好的学习策略，可以改进学习方式，提升学习效果，还可以让学生掌握学习方法，锻炼学生的自学能力。所以教师要激励学生形成自己的学习策略，对自己的学习过程和效果进行监控与反思，促使学生形成个人学习风格，并在此基础之上调整自己的学习策略，同时留心观察他人学习策略，乐于尝试不同的学习策略。

（五）教学方法层面

教学方法是教师和学生为实现共同教学目标，完成共同教学任务，在教学过程中运用的方式或方法的总称。从古至今，英语教学中出现过很多的教学方法，并且它们都在英语教学中发挥作用。然而，事实证明，教学方法没有最好的，只有最有效的。具体地说，英语教学中采用固定的、一成不变的方法，将会引起学生的反感，导致降低英语教学的效率。如果在一堂课使用一种教学方法，那么学生会感到单调、乏味。因此，英语教学所采用的方法应具有灵活性、多样性等特点，要对各种语言技能有所侧重，这样才能全面提高英语学习的能力。

第三节 高校英语教学模式的发展与演变

教学模式是一种重要的教育范式，它对教学实践具有指导作用。了解不同的教学模式及其发展规律，可以帮助教师更好地选择适合自己的教学方法，提高教学质量和效果。同时，随着社会的发展和需求的变化，教学模式也在不断地更新和完善。因此，在选择教学模式时需要考虑多方面因素，并进行灵活运用，才能更好地适应不同的教育环境和需求，培养出更具创造力和实践能力的学生。教师对教学实践进行分析，以一定的教学理论为基础，再根据经验和各种教学实践，提出一种或多种教学模式。

一、高校英语教学模式理论研究与实践发展

教学模式是以教学思想、教学理论为依据构建的模型或范式，典型的模式有由捷克教育家扬·阿姆斯·夸美纽斯（德语：Johann-Amos Comenius）提出的观察—记忆理解—练习模式，德国哲学家、科学教育的奠基人约翰·弗里德里希·赫尔巴特（德语：Johann Friedrich Herbart）提出的明了联想—系统—方

法模式，美国教育家约翰·杜威（John Dewey）提出的发现问题—提出假设—作出推论—验证假设模式，美国当代著名心理学家本杰明·布鲁姆（Benjamin Bloom）提出的掌握学习模式等。我国教学模式的研究开始于20世纪80年代中期。教学模式研究主要涉及教学模式本质的界定和教学模式建构理论的研究。因为研究者的研究视野呈现出多维性，教学模式概念的界定也呈现出多样性。

（一）国内英语教学模式的研究与发展

中国英语教学理论界对教学模式的理解可以分为抽象和具体两种意义。在抽象意义上，教学模式是指较为系统的教学理论、方法和观点或带有规律性的、有相对固定的方法、步骤、活动的教学实践。而在具体意义上，教学模式是指用图形、表格、线条等对教学相关因素及其关系进行的框架式的、概念式的描述。这些描述可以帮助我们更加直观地理解语言教学理论过程中各主要因素本质及其相互关系。总之，教学模式是对教学活动的操作框架，它可能根据一定的教学理论建成，也可以由概括实践经验形成。这些不同的理解方式都是为了更好地描述和应用语言教学理论过程中各个主要因素之间的关系和作用。通过教学模式的抽象和具体意义，我们可以更好地理解教学活动中的规律性、固定性及相互关联性，从而更加有效地进行语言教学。

近几年来，大学英语教学界一直在探索一条适合中国国情的教学模式。例如，有学者提出了一种易在中国适用的英语教学交际模式，该模式的核心原则是交际，交际是教师与学生之间的纽带，语言的输入与输出都通过交际来实现。该模式吸收了西方第二语言习得理论成果，在“准备—过程—结果”的基础上发展成“输入—加工—输出”的学生语言输出流程。该模式强调交际的互动性和情境性。在该模式中，英语教学内容是语言信息、语用信息和文化信息，语言形式被看作信息的载体，以交际为核心的教学结果表明了英语教学已经不再是“一门学科”而是“为实现意义转换的工具”。这在英语教育史上无疑是极大的进步，但是该模式在学生语言输入的正确性、得体性和流利性方面关注尚显欠缺。

为此，一些学者基于对20世纪50年代以来中外的主要教学模式的评述，提出了一个新的中国英语教学宏观模式，也被称作“中国流”。该模式以中国国情为依据，旨在满足亿万中国人学习英语的需求。这个模式由四个板块组成，分别是教学环境、教学主体、教学过程和教学结果。在这个模式中，注重创造适合中国人的英语学习环境，培养具有国际视野和跨文化交流能力的英语人才。同时，强调教师和学生在英语教学中的角色与作用，鼓励教师发挥主导作用，引导学生积极参与。它体现出很强的时代性，如教学过程分为实体和虚拟双轨。它吸收了先进的教学理论，因为该模式把教师和学生都看成是教学的主体，并提倡自主学习和任务型教学等新理念。但是作为一个宏观模式它必须非常简洁明了，否则它无法涵盖不同人的不同学习方式。该模式力图做到全面，但太过全面又难以突出其重点或个性，反而易于失去自身存在的价值。

除了概念界定之外，教学模式本质的界定还包括对模式层次的界定。在现代英语教学中，可以发现有三种层次的模式，它们分别是宏观模式（英语教学过程模式）、中观模式（大纲设计模式）和微观模式（课堂教学模式）。

自从课程改革后，几乎每个地区每所学校都在探索适合自己地区和学校的英语教学模式，因此出现了大量的英语教学模式，英语教学模式的研究成为英语教学研究的重点和热点。

近年来，随着我国课程改革的深入，英语教学模式方面的研究取得了显著进展。教师、学者及研究人员在小学、初中、高中和大学等层面上对各阶段的英语教学模式进行了广泛探索，取得了可喜的成果。其中包括英语自律课堂教学模式、英语互动教学模式、高中英语逆向教学模式及三位一体大学英语整体教学模式等。除此之外，他们还从不同的教学方法视角出发，探讨了多种英语教学模式，如“输入输出平衡”英语教学模式、“四段式”英语教学模式、提纲式英语教学模式及封闭式英语教学模式等。这些研究不仅涵盖了各个年龄阶段的学生，还从多个角度探讨了英语教学的有效性和可行性。另外，在英语阅读课上也总结了许多教学模式，如“问题式”英语阅读教学模式、“交流互动”英语阅读教学模式、英语语篇教学模式等。

针对以上我国英语教学模式建构的现状，可以发现我国当前英语教学模式的研究基本上是零散式的，但是在总体上模式构建的视角有以下四个。

第一，理论说观点认为，教学模式是在实践中逐渐形成并被总结出来的一种理论，它可以指导教学实践。其目的是让教师更好地设计和组织教学活动，提高教学效果。

第二，结构说观点认为，教学模式是在一定的教学思想或理论指导下建立起来的各种类型教学活动的基本结构或框架。这种观点强调了教学模式的组织性和系统性，它可以帮助教师更好地规划课程内容和安排教学步骤。

第三，程序说观点认为，教学模式是在一定的教学思想指导下建立起来的完成所提出教学任务的比较稳固的教学程序及其实施方法的策略体系。这种观点强调了教学模式在实践中的可操作性和有效性，它可以帮助教师更好地掌握课堂节奏和教学步骤，提高教学效果和质量。

第四，方法说观点认为，常规的教学方法只是小方法，而教学模式则是大方法。它强调了教学模式在整个课程设计和实施过程中的重要性和综合性，可以帮助教师更好地整合各种教学资源和方法，提高课程的创新性和实效性。

虽然不同的观点强调了教学模式的不同方面，但都认为它是一种有益于教师设计和组织教学活动、提高教学效果的理论体系。在实践中，教师可以根据自己的需要和实际情况选择适合的教学模式，并不断地完善和改进它们，以达到更好的教学效果。

英语教学模式的发展趋势具有三个主要特点，它们分别是由关注“教”的教学模式向关注“学”的模式转化；在模式构建中越来越体现多门学科知识的整合性特征；模式研究的理论不断深入和实验研究逐步成熟。

在我国，英语教学可以引进国外优秀的教学模式加以实践。20 世纪 80 年代起在浙江大学开展了以德国“柏林模式”为基础的“德语作为外国语教学论的实验”，取得了丰硕的成果。“柏林模式”是由德国保罗·海曼于 1962 年首先提出。该模式提出了影响教学过程的四个基本因素和两个先决条件，其中四个基本因素包括意向、课题、方法和媒介因素，两个先决条件包括人类心理条件和社会文化条件。四个基本因素属于决定范畴，两个先决条件属于条件范畴，所有这些构成了每一种课堂教学的基本框架。该模式的结构是多元互动的、相互关联的、开放的、不断自我完善的。其最大的优势是它提出了两个先决条件，将对“此时此境中的人”的透彻理解作为教学的前提。正确的定位，再加上课堂教学过程中四个基本因素的充分考虑，教学过程本身体现了教学效果。该模式的结构清晰明了，容易被一线教师理解和接受。这就是该模式自 20 世纪 70 年代后，一直是柏林州基本的教学模式，并且也是柏林州教师培训班的必修课的原因。许多德国教育教学第一线的工作者都以它为基础进行教学设计。之后，该教学设计思想又被广泛地应用于日本、韩国、巴西、蒙古国等非德语国家的英语教学及其他学科教学。

（二）国外英语教学模式的研究与发展

在国外，语言学研究已经有很长的历史，并且建立了一套完整的语言学习理论。外国语言专家对英语作为母语进行深入研究，将其中的一些理论迁移到TOEFL 教学模式中，并总结出了七种主要的英语教学模式。这七种模式在英语全球化的进程中得到了广泛接受，成为各国英语教学研究者和实施者的重要参考。这七种模式分别是：(1) 克拉申模式，是由美国语言教育家斯蒂芬·克拉申(S.D.Krashen) 创建，主要描述第二语言习得的过程。该模式认为，通过足量的可理解输入，在较低的情感过滤条件下，第二语言能力以可预测的顺序逐渐习得。(2) 贝立斯托模式，是由贝立斯托（E.Bialystok）创建，主要说明英语能力形成过程中的三个层次及其有关因素的作用和组成方式。该模式特别强调英语能力形成过程中形式和功能练习的作用，同时也强调其他学科知识和文化因素对英语知识吸收的促进作用。(3) 斯特恩模式，是由斯特恩（H.H.Stern）创建，确定了英语学习的五个要素及其内在关系。该模式强调英语学习的元认知策略，并特别指出学生本身的心理特质和身处的社会环境等外部因素对学习过程和结果的影响。这五个要素分别为社会背景、学习者特点、学习条件、学习过程和学习结果。其中，社会背景包括社会语言、社会文化和社会经济因素；学习者特点包括年龄、认知特点、情感特点和个性特点；学习条件指的是课堂教学和自然接触；学习过程强调学习策略、技巧和大脑活动。(4) 艾伦·毫沃特模式，是由艾伦·毫沃特（Allen Howard）创建，它是一个多中心模式。该模式根据交际的话题、题目或任务制定英语教学大纲，并采用 F.S.E. 三角形学习模式（其中 F 代表功能练习；S 代表结构练习；E 代表实验练习）。该模式强调功能和结构分析，对我国高中英语功能概念大纲的制定具有指导意义。此外，它还首次提出了任务型教学的概念，为后来任务型教学模式的建立奠定了基础。(5) 坎特林模式，是由坎特林（C.N.Candlin）创建，将学习英语看作语言形式、概念意义和人际关系三个知识体系的结合。该模式认为英语学习实质上是在人际交往过程中语言概念的形成和正确语言形式的固化过程，强调语言使用的正确性。(6) 哈伯德模式，是由哈伯德（C.R.Hubbard）创建，是一种学习英语的交际模式。该模式要求在客观事物的环境中进行愉快的交往，强调语言学习中的交际性和信息差。它认为没有信息差的存在就不可能有语言交际，没有实际的语言交际也就谈不上真正意义上的英语学习。该模式是 ARC 三角形模式，其中 A（affinity）表示亲近力，R（reality）表示现实的意义，C（communication）表示交际的意义。(7) 蒂东尼模式，是由蒂东尼（R.Titone）创立，旨在吸收其他模式的优点，是一种综合性的教学模式。它借鉴了克拉申模式的情感策略，借用了斯特恩模式中的社会影响因素，并贯彻了哈伯德模式的交际性原则。该模式力图将语言学习与实际应用相结合，强调语言技能和情感态度的培养。在我国现代高中英语教学中，采用了折中法，即综合运用多种教学模式，其中蒂东尼模式的理念得到了广泛应用。

总之，这七种英语教学模式在全球范围内都有着重要的影响和地位。它们不仅为英语教学提供了理论支持和实践指导，而且也为其他语言的教学提供了借鉴和启示。在今后的英语教学中，我们可以根据不同的情境和需求，灵活运用这些模式，并结合实际情况进行创新和改进。

二、高校英语教学模式的演变

（一）交际型教学模式

交际型教学模式，是建立在课堂互动交流基础之上的教学模式，它综合运用各种教学元素，如教师、学生、课堂、场景等，通过师生交流、互动活动、互换角色及范围更广的交际进行教学。最近，西方学者在第二语言习得研究领域取得了一些新成果和新思想。他们指出，语言和文化之间有着内在的联系，这就决定了语言教学在某种程度上也是文化教学。同时，他们强调语言学习的最高目标是为了交际服务，以适应和满足跨文化交际的需要。因此，在高校英语教学的改革与转型中，可以看到一种新的表现形式——从传统的英语教学模式向更加注重交际的英语教学模式转变。这种转变不仅是对语言技能的培养，还是对学生跨文化交际能力的提升和拓展。在新的教学模式下，教师应注重培养学生的实际应用能力，鼓励他们积极参与课堂互动和讨论，并通过各种形式的语言实践活动来提高学生的语言交际能力。此外，教师还应引导学生了解和掌握不同文化背景下的社交礼仪、价值观念和思维方式等方面的知识，以便更好地适应跨文化环境。这种新型英语教学模式的实施，不仅有助于学生在语言技能方面的提高，更重要的是还培养了他们跨文化交际的意识和能力。这对于学生今后走向国际舞台、参与全球化竞争具有重要意义。

20 世纪以来，英语教学模式一直是以教师为中心，以讲解分析语言知识点作为最普遍的标准教学方法。这种教学模式建立在瑞士语言学家弗迪南·德·索绪尔（Ferdinand de Saussure）的“结构主义语言学”理论基础之上，强调分析语言结构和形式，而忽视了语言意义及其社会交际功能。然而，美国语言学家海姆斯（Hymes）的“交际能力”理论对传统教学模式提出了挑战。他认为语言交际能力不仅包括语法性，还涉及可行性、得体性和现实性等特征，其中除了语法性属于语言能力外，其他三种特征都涉及语用能力。这意味着，学生在学习语言时不仅需要掌握语言本身，还需要了解使用语言的规则和文化背景。这些规则与交际主体国家的交往互动密切相关，并且强调个人经验对于语言学习的重要性，而非仅仅依靠外部传授。因此，这种新的理论挑战了以往传统教学模式，并促使人们逐渐认识到语言学习需要在特定文化背景下进行。这一传统教学模式是建立在瑞士语言学家索绪尔的“结构主义语言学”理论基础之上的。在这一理论中，语言被看成是一个完整封闭的符号系统，人们注重分析语言结构，强调语言形式，而语言的意义及其社会交际功能却被完全忽视了。

美国语言学家爱德华·萨布尔（Edward Sapir）指出，语言脱离其根植的文化后便无法存在，文化的可接受性和不可接受性是一个涉及不同文化背景的人们在交际中所面临的重要问题。由于不同文化之间存在行为规范、思维模式、价值取向及语用迁移等方面的差异，因此在交流过程中很容易出现文化接纳和冲突的情况。为了避免这种情况的发生，英语教学最新理念强调将跨文化交际能力作为英语教学的最终目标之一。

（二）“输入－输出”教学模式

“输入－输出”教学模式的提出是为了培养适应国际经济发展和对外交流需要的跨世纪英语人才，教学过程更符合英语学习的客观规律和学科特点，完善科学的教学大纲旨在培养学生学习英语的能力和建构英语思维的技能。“输入－输出”教学模式是以克拉申提出的“输入假设”和斯温提出的“输出假设”、语言同化与建构理论及语言习得理论为理论基础。

（三）分级教学模式

高校英语分级教学模式是一种因材施教、提高教学效果的教学方法。该模式根据学生个体实际英语水平及其接受英语知识的潜能，将学生划分为不同层次，并在此基础上确定不同的培养目标，制订不同的教学目标、教学方案、教学计划和学生管理制度等。在实施过程中，采用不同的教学方法进行讲课、辅导、练习、测验和评估等活动，充分体现出层次性。

总之，高校英语分级教学模式的最终目的是让学生在各自不同的起点上分别得到进步和发展。通过这种教学模式，可以更好地满足学生个性化需求，提高教学效果和质量。同时，也能够促进师生之间的互动与交流，增强教育教学的互动性和针对性。另外，分级教学还能够激发学生的学习兴趣和积极性，提高他们的自信心和英语水平。因此，在高校英语教育中，采用分级教学模式是非常必要且有效的一种方法。分级教学是以克拉申提出的“i+1”语言输入假设理论、学习迁移理论和布鲁姆提出的掌握学习理论为理论基础的。

（四）网络教学模式

网络教学模式是在一定教学思想和教学理论指导下，依托计算机网络技术，为达成一定的教学目标而构建起来的较为稳定的教学结构框架和教学方式。任何教学模式的建构都必须依据一定的教学理念和理论，网络教学模式也不例外。

第四节　高校英语教学模式的问题分析

一、高校英语交际型教学模式中的问题分析

（一）对教师提出的新挑战

交际型教学模式要求英语教师拥有丰富的语言文化知识、较强的语言比较研究能力和课堂掌控力。然而，高校英语教学实践中却反映出文化教学不理想的现象。有学者认为，这一现状的原因是目前中国绝大多数英语教师仍然是由本土传

统英语教学模式培养起来的。他们缺乏亲身体验和深入异域文化的机会，对外国文化的了解也仅限于书本、影像等媒介。另外，现行教育体制的影响也是一个重要因素。英语教师的教学水平往往被大学英语四、六级考试通过率所衡量，这迫使教师在课堂上注重让学生掌握大量语言知识点，而忽略文化知识的导入。因此，要实现交际型英语教学模式，英语教师需要改变固有观念，提高个人能力，并从根本上加强对跨文化交际教学法的认识。

（二）对学生带来的不利影响

大多数非英语专业的大学生在学习英语时主要以通过大学英语四、六级考试为目的。然而，这些学生往往没有足够的课余时间练习英语或者学习有关英语国家文化的知识。另外，一项调查显示，许多大学生对自己的跨文化交际能力持否定态度。其中一部分原因是担心犯错误，另一部分原因则是内向自卑的心理。这些问题反映出学生在英语学习中存在两个主要难点：第一，学习动机单一且功利性强，缺乏足够的内在动力和自觉性，这使得英语文化教学变得更加困难；第二，学生在面对英语交流时态度不够积极乐观，他们的情感焦虑和自卑心理阻碍了跨文化交流的顺利进行。

（三）教材方面的问题

高等教育英语教材的文化含量在一定程度上直接影响着课堂上跨文化导入的深度和广度。为了更好地实现跨文化英语教学，有学者对高校英语教材进行了调研，结果发现这些教材内容和练习设计缺乏与跨文化情境的结合，无法满足跨文化交际实践的需求。

二、高校英语“输入－输出”教学模式中的问题分析

相较于传统教学模式，“输入－输出”教学模式有一定的优势，但也有自身的问题。

在实际操作中，语言输入和输出之间仍然不平衡。许多学生在学习过程中仍然面临这样的问题：他们只停留在掌握知识点层面，如单纯地记忆语法、单词和句型，无法将所学转化为个人技能。

有学者认为，造成这种现状的原因主要有两个：第一，在深度上，学生所掌握的知识点不够充分，没有达到数量上的积累，也就很难实现质量上的飞跃；第二，在广度上，缺乏从知识点向技能转换的环节。学生需要完成听和读这两个输入环节，但是他们仍然没有足够的听力和阅读量，并且在说和写这两个输出环节上也缺乏足够的掌握，无法顺利地实现从听、读到说、写的转化。

三、高校英语分级教学模式中的问题分析

传统的以专业为基础的行政班级教学模式已经被分级教学所取代。然而，这种新型教学方式也带来了一些问题。首先，由于不同层次的学生被分开上课，他们之间产生了陌生感和交流障碍。其次，升降级制度也给部分学生带来了更大的心理压力。这表明，分级教学所引入的竞争机制使得各个层次的学生都面临着或多或少、或长期或短期的心理压力和焦虑情绪。

其中，学习焦虑是一种特定情境下的焦虑，是学生在英语学习过程中因其独特性而产生的一种“与课堂语言学习相关的自我意识、信仰、情感和行为的情结”。根据相关学者研究表明，英语学习焦虑主要表现在以下三方面：第一，交际畏惧。这是指学生对真实或预期的交际活动所产生的恐惧或焦虑心理，典型的行为模式是回避和退缩。第二，考试焦虑。这主要源于对考试失败的恐惧，学生担心在考试中表现不佳可能会带来各种不良后果，从而导致恐惧心理。第三，负评价恐惧。这更多地表现为一种预期心理，学生因为害怕他人对自己作出负面评价而产生畏惧感和沮丧的心理。总之，分级教学虽然有其优点，但也带来了一些问题和挑战。学习焦虑是其中一个重要的问题，需要引起我们的关注和重视。

分级教学是一种革命性的英语教学方式，其核心是引入竞争机制。然而，这种教学模式也会给学生带来新的焦虑源。在开始高校英语学习之前，学生必须面对分级考试，这种区分英语水平高低的考试会给学生带来一定程度的考试焦虑。对于许多学生而言，分级教学会使原本在其他课程上和自己水平相当甚至不如自己的同学进入更高级别的英语班级学习。这种情况下，以往只存在于一个自然班级内部的某一门学科学习水平差异，会因分级教学而扩大到整个学院甚至整个学校。这可能会导致他们产生“自己不如别人”“别人可能会看不起自己”的负面评价恐惧心理压力。

此外，在分级教学模式下，除了要面对期末考试的升级或降级压力，学生还需要适应流动的班级同学、不同授课教师及不同教学风格。这也会给他们带来一定程度的焦虑。

分级教学模式可能使一些学生提前修满学分并根据个人兴趣选修一些课程，从而在更高层次上提高自己的英语水平。然而，这种机制的调整可能会导致学生之间心理上的不平衡。

除以上因素外，课堂活动形式、教师的教学观念和方法、师生之间的交流及教师纠正错误的方式等外部因素同样会导致学生在语言学习过程中产生焦虑。此外，学生自尊心的强弱、对竞争的适应力及对模糊现象的宽容度等因素也会引起他们在语言学习过程中产生焦虑的心理。因此，在分级教学中，除了注重英语水平的提高，也需要关注学生的心理健康和情感需求，为他们提供更好的支持和帮助。

四、高校英语网络教学模式中的问题分析

随着人类社会的不断进步和科技的飞速发展，国家、民族和社会对未来人才的要求越来越高。在英语语境中熟练运用听、说、读、写等能力已成为衡量人才素质的重要标准。然而，在我国高等教育中，英语教学工作承担了主要的培养任务。因此，我们需要不断提高英语教学质量和水平，满足社会对于英语人才的需求。随着社会对未来人才要求的不断提高，英语教育也需要不断创新和完善。我们应该注重培养学生的英语综合能力和实践运用能力，同时注重培养其文化素养和国际视野。教师应该采用多种教学方法和手段，激发学生的兴趣和积极性，并通过实践活动提高学生的英语水平。只有这样，我们才能培养出更多具备全球竞争力的优秀人才，为国家和社会的发展作出更大的贡献。

随着现代技术的不断发展，高校英语教学也在逐渐转型。许多现代化的教学手段被引入课堂中，使得学生们可以更加广泛地接触和学习英语。然而，在实际应用中，我们发现现代教育技术在英语教学中的应用还不够充分。虽然一些学校已经开始使用多媒体、网络等教育手段，但实际效果并不尽如人意。这种现象主要是由于学生数量众多，而现代化设备相对较少的矛盾所导致。因此，在整体上缺乏多媒体学习环境，这也是现代教育技术应用不足的一个重要原因。另一方面，

学校和英语教师本身对于现代教育技术的真正作用并没有给予足够的重视，导致很多现代化教育设备无法发挥其训练和实践的功用。因此，我们需要更加注重现代教育技术在英语教学中的应用，为学生提供更加丰富、多样化的学习体验。同时，也需要增加现代化设备的投入，以满足学生数量不断增长的需求。只有这样，我们才能够更好地利用现代教育技术，提高英语教学的效果和质量。

第二章　高校英语教学的理论基础

本章节内容为高校英语教学的理论基础，主要内容包括高校英语教学的基本理论、基于建构主义的教学理论、任务型语言教学的理论与方法、教学系统设计的理论与方法。

第一节　高校英语教学的基本理论

高校的英语教学具有很强的实践性，也为社会源源不断地输送着英语高素质人才。随着社会的不断进步和时代的飞速发展，英语教学这一学科的改革和发展也逐渐受到各方面的关注和重视，同时教育界也开始以新的视角对英语教学理论和英语教学研究进行探讨。

一、语言本质理论

关于语言的发展史，经历的时间很长，相比较而言，对语言本质进行的讨论则从未间断，并且有更多的专家和学者注意到对语言本质进行深入的认识和探讨。本节主要从语言本质理论出发，并结合语言的功能理论、交际能力理论及言语行为理论进行具体的讨论和分析。

（一）语言功能理论

英国当代语言学家韩礼德教授是世界两大主要语言学派之一的系统功能语言学的创始人。他认为，语言的发展是由它的功能不断演变而来的，而这些功能又会影响它的特性。因此，要想深入理解语言的本质，就必须从研究它的使用开始，以便将它的各种功能和构成意义的元素结合起来。韩礼德在《语言功能探索》中提出，语言可以通过三种不同的方式来实现微观、宏观和纯理功能。

1．微观功能

微观功能是儿童在学习母语的初级阶段出现的，共有以下七种功能。

（1）个人功能。个人功能是指儿童可以通过语言表达自己的感情或意义。

（2）想象功能。想象功能是指儿童可以通过语言创造一个幻想的世界。

（3）规章功能。规章功能是指儿童可以通过语言控制他人的行为。

（4）启发功能。启发功能是指儿童可以通过语言认识周围的世界，学习和发现问题。

（5）工具功能。工具功能是指儿童可以通过语言取物。

（6）相互关系功能。相互关系功能是指儿童可以通过语言与他人交往。

（7）信息功能。信息功能是指18个月大的儿童可以通过语言向别人传递信息。信息功能是在儿童成长后期掌握的。

需要指出的是，在儿童语言中，一句话只有一种功能而不会出现多种功能。随着儿童语言逐渐向成人语言发展，功能范围逐渐扩大，这些微观功能就让位于宏观功能。

2．宏观功能

同微观功能相比，宏观功能含义丰富而抽象。韩礼德认为宏观功能可分为以下两种。

（1）理性功能。理性功能是指儿童把语言用作观察事物和学习知识的一种途径。这个功能由早期儿童语言的个人功能、启发功能等微观功能演变而来。

（2）实用功能。实用功能是指儿童把语言用作做事的手段。实用功能产生于早期儿童语言的工具功能、控制功能等微观功能。

3．纯理功能

韩礼德强调，语言的本质与我们对它的期望和实现的目标息息相关，因此，“纯理功能”或“元功能”可以被视为语言中的一系列抽象功能的总和。语言的功能是多种多样的，它们是高度概括的概念，在语言中很难找到具体的形式。纯理功能包括以下三个方面。

（1）人际功能。人际交往是一种沟通技能，它可以帮助人们理解对方的想法和感受。在交流过程中，人们会根据自己的主观情绪改变自己的态度和立场。但是，交流的基本目的只有两个：一个是提供信息和寻求帮助。给予是一种向他人传达信息的方式，而求取则是一种追求自身利益的行为。

（2）概念功能。概念功能是一种将人们在现实世界中的经历和经验转化为抽象概念的方式，它包含了参与者、时间、地点等多种因素，旨在传达信息，让使用者能够更好地理解抽象概念。换句话说，语言是一种有效的工具，可以帮助人们更好地理解现实世界和抽象世界。语言是一种表达方式，它描述了人、事和物之间的关系。概念功能主要通过语言的及物性、归一性和语态体现。

（3）语篇功能。语篇功能是指将语言按照其含义划分为不同的部分，以便传达信息。

这些部分包括主语和谓语。主语是信息的起点，它们可以分为单独的主语、句子主语和复合主语。单独的主语是指那些只包含概念功能的主语。句子的主语通常只包含概念性的内容，因此它们本质上是单一的主语。复合主语是由多种语义成分组成。

在如何看待语言本质的问题上，韩礼德对语言功能的论述为我们提供了一个全新的视角，推进了语言学界对语言的理解。后来的交际法教学流派（又称作“功能－意念教学流派”）就是以韩礼德的语言功能理论为基础建立起来的。

（二）交际能力理论

美国语言学家艾弗拉姆·诺姆·乔姆斯基（Avram Noam Chomsky）在“*Aspects of the Theory of Syntax*”中把“能力”和“表现”两个概念引入了语言学的研究。按照乔姆斯基的解释，说话人、听话人的语言知识是“能力”，而具体情景中语言的实际使用是“表现”。许多学者都对“能力”提出了自己的看法，其中最具代表性的是美国社会语言学家戴尔·海姆斯（Dell Hymes）提出的“交际能力”的概念。此外，美国语言学家迈克尔·卡纳尔（Michael Carnale）和美林·斯温（Merrill Swain）也对交际能力做过较为详细的论述。

1. 戴尔·海姆斯的交际能力理论

海姆斯认为，“能力”的概念存在缺陷，因为它没有考虑人们在社交中如何正确使用语言。为此，他提出了“交际能力”的概念，以更好地理解语言的社会交际功能。海姆斯认为，一个人的交际能力是一个综合的概念，除语法知识和语言能力外，还包括心理、社会文化和使用概率等方面。换句话说，如果一个人想要获得良好的交际能力，他就必须了解如何与他人沟通，以及在何种场合和时间、使用何种方式进行交流，因此，交际能力应该包括以下四个方面。

第一，学会辨别和组织符合语法规则的句子，也就是掌握形式上的可能性。例如，明白 She like read novels 这个说法是不正确的，但仍然能够表达出来或者书面表达出“She likes reading novels”。

第二，能判断语言形式的可行性。例如，知道 The girl who is pretty is the daughter of my uncle 是合乎语法的，但几乎没有人会这样讲，即不可行。人们通常会这样表达“The pretty girl is my uncle’s daughter”。

第三，在交流中，要学会恰当地使用语言。虽然有些话在语法上是可行的，但在实际应用中却不够得体。例如，“how are you?”“how do you do？”这两句话都是正确无误的，但假如不区分语境，则会出现问题。

A：How do you do？

B：How are you？

对话中 A 表达的是对陌生人首次见面的问候，是得体的形式。B 的回答是不得体的，与语境不适宜。

第四，了解某些话语是否可以说出来是非常重要的。有些话语在形式上可能是合适的，但在实际应用中，它们可能会变得不够合适或不够得体。例如，在表达“现在是两点半”这一意思时，一般都说“It’s half past two.”而不是说“It’s two half.”虽然后者并没有语法错误，但是在现实生活中，人们不这么说。

海姆斯的交际能力理论对语言学和实践领域产生了深远的影响，并且直接决定了英语教学的目标。

2．迈克·卡纳尔和美林·斯温对交际能力的分析

卡纳尔和斯温探讨了交际能力的构成，他们认为，交际能力可以分为以下四个方面。

（1）语法能力。语法能力是语音、词汇和语法等知识。卡纳尔和斯温的“语法能力”与乔姆斯基所说的“语言能力”或海姆斯所指的“形式上的可能性”没有区别。

（2）社会语言能力。我们都知道，说话人在不同的环境中总是以一定的社会身份出现。环境不同，身份不同，使用的语体与言语也不同。因此，社会语言能力是一种能够在不同的社会环境中表达自己想法和观点的能力，它涉及使用各

种语言工具和方式实现交流的目的。此外，社会语言能力还包括使用语言的技巧和方法。语言功能包括工具性、指称性、个人性、交流性、想象性、语境性和元语言性等。

（3）篇章能力。篇章能力是指一种能够将句子组织成一个完整的句子，并能够理解句子之间的关系和意义。例如，“那个人是从北京来的”这句话，可以在不同的语境或上下文中表达建议、暗示、鼓励、警告等不同的意义。

（4）策略能力。策略能力也称补偿能力，是一种运用语言或非语言手段达到交际目的的能力。具体而言，就是要掌握如何开始、进行、转换话题及结束交流的技巧。

按照卡纳尔和斯温的观点，由于交际能力是由上述四种能力组成的，因此语言教学应当着重培养这四种基本能力。

（三）言语行为理论

20 世纪 50 年代，牛津大学哲学家约翰·郎肖·奥斯汀（John Langshaw Austin）创立了言语行为理论。后来，美国哲学家约翰·塞尔（J.R. Searle）对奥斯汀的理论进行了改良，使其发展为一种解释人类语言交际的理论。

言语行为理论对语言教学起到了积极的促进作用，为意念大纲的产生提供了理论基础。在语言教学与大纲设计中，言语行为被称作“功能”或“语言功能”。

1. 奥斯汀的言语行为理论

奥斯汀将语言分为表述句和施为句两大类别。在此基础上，他还提出了言语行为三分说。

（1）表述句与施为句。表述句是用来描写、报道或陈述某一客观存在的事态或事实的句子。表述句可以验证，并且具有真假值。

例如，Robert is lying in bed.

如果 Robert 确实在床上躺着，这句话就为真；否则就为假。

施为句是用来创造一个新的事态以改变世界状况的句子。施为句不可以验证，也不具有真假值。

例如，I call the toy horse Spirit.

这个句子既无法验证，也无法判断真假。这个句子的意义在于给玩具马命名，即给客观环境带来了改变。

可见，表述句与施为句的最大区别在于表述句以言指事、以言叙事，而施为句以言行事、以言施事。

（2）言语行为三分说。奥斯汀发现了表述句与施为句两分法的不足之处并修正了自己的观点，提出了更为成熟的言语行为三分说。他将言语行为分为以下三个层次。

①以言指事行为，即移动发音器官，发出话语，并按规则将它们排列成词、句子。它是通常意义上的行为。

②以言行事行为，是通过说话来实施一种行为或做事。它是表明说话人意图的行为，我们可以把以言行事行为简称"语力"。奥斯汀将以言行事行为分为评价行为类、施权行为类、承诺行为类、论理行为类、表态行为类五个类别。

③以言成事行为，是以言取效行为。它指说话带来的后果。需要说明的是，以言成事行为或以言取效行为只是用来指一句话导致的结果，不论结果如何都跟说话人的意图无关。

2. 塞尔的言语行为理论

塞尔的主要贡献是改进了奥斯汀对以言行事行为的分类，并提出了间接言语行为理论。

塞尔对以言行事行为重新分类，并分为以下五类。

①承诺类，是表示说话人对未来的行为作出不同程度的承诺。此类行为的动词包括 threaten，pledge，vow，offer，undertake，guarantee，refuse，promise，commit 等。

②表达类，是表达说话人的某种心理状态。此类行为动词包括 congratulate，apologize，thank，welcome，condole，deplore，regret，boast 等。

③断言类，是表示说话人对某事作出真假判断或一定程度的表态。此类行为的动词包括 deny，state，assert，affirm，remind，inform，notify，declare，claim 等。

④宣告类，是表示说话人所表达的命题内容与客观现实之间的一致。此类行为的动词包括 nominate，name，announce，declare，appoint，bless，christen，resign 等。

⑤指令类，是表示说话人不同程度地指使或命令听话人去做某事。此类行为

的动词包括 request，ask，demand，invite，order，beg，urge，suggest，advise，propose，suggest 等。塞尔的重新分类具有很强的科学性，直到今天仍在被使用。

间接言语行为是通过实施另一行为而间接得以实施的言语行为。

例如，Can you pass the bottle for me?

这种言语行为虽然表面上在进行询问，但实际上表达的是一种请求行为，即请求是通过询问间接实施的。

塞尔进一步将间接言语行为分为规约性间接言语行为和非规约性间接言语行为两类。规约性间接言语行为通常出于对听话人的礼貌，且根据言语的句法形式能立即推断出其用意。而非规约性间接言语行为往往比较复杂，需要更多地依靠交际双方共知的语言信息与所处的语境进行推断。

二、语言学习理论

（一）行为主义学习理论

行为主义学习理论来源于俄国生理学家伊万·巴甫洛夫（Ivan Petrovich Pavlov）的“条件反射”概念。“条件反射”是指在特定的环境中，动物通过反复的行为来强化其习惯，并且这种习惯会逐渐形成。受这一概念所揭示的生理机制的启发，人们开始分别从实验及理论两个方面探讨儿童学习语言的过程。研究表明，儿童在学习语言的过程中，“刺激—反应”的学习是一个持续不断的过程，即儿童是在不断地与各种事物的“刺激—反应”的过程中逐步掌握自己的母语。

20 世纪初，美国心理学家约翰·布鲁德斯·华生（Watson John Broadus）创立了行为主义学习理论。华生主张用客观的方法研究可以直接观察到的行为。在华生看来，动物和人的一切复杂行为都是在环境的影响下由学习而获得的，且都存在共同因素，即刺激和反应。由此，他提出“刺激—反应”这一著名的行为主义心理学公式。

美国学者伯尔赫斯·弗雷德里克·斯金纳（Burrhus Frederic Skinner）继承和发展了华生的理论，并于 1957 年发表了《言语行为》一书，提出了行为主义关于言语行为系统的看法。

在斯金纳看来，人类的言语行为是由外部刺激、内在刺激及其他多种因素共同作用的结果，这些刺激可以是言语本身，也可以是外部环境或者内在因素。反复刺激所产生的强化效果可以使我们学会使用与其语言社区相适应的语言形式。因此，“重复”在学习过程中也有不容忽视的作用。

行为主义学习理论在美国占据主导地位长达半个世纪，在现行的教育机制中仍然发挥着重要作用。例如，学生可能为了避免某种惩罚而停止某种行为，也可能因为受到表扬而继续某种行为。因此，教师可以通过某种干预改变学生的行为，帮助学生学习知识、发展技能。另外，使学习者有间断性地接触语言素材也客观地体现了行为主义学习理论。

（二）心灵主义学习理论

1. 艾弗拉姆·诺姆·乔姆斯基的普遍语法假设

美国哲学家艾弗拉姆·诺姆·乔姆斯基（Avram Noam Chomsky）是心灵主义心得理论的代表人物之一。在乔姆斯基看来，儿童在学习母语的过程中所接触到的语言输入是有限的，儿童不可能根据这些数量有限的句子通过归纳、推理、概括而获得母语使用能力，即行为主义学习理论无法回答儿童怎样获得母语能力的问题。为此，他提出了普遍语法假设。

乔姆斯基认为，人类有一个与生俱来根植于大脑里的语言习得机制或普遍语法。语言输入进入人脑就创立了一种语言知识，这种语言知识包括原则、参数和词汇。英语环境和语言输入只有“激活”语言习得机制的作用。

乔姆斯基的这种假设至今未能通过解剖的方法得以证实，学者们对此也是褒贬不一。尽管如此，对乔姆斯基的普遍语法理论进行深入的探讨会有助于揭示语言习得的奥秘，至少从普遍语法的角度去研究语言习得会给我们一个新的视角。

2. 斯蒂芬·克拉申的监察模式

美国语言教育家斯蒂芬·克拉申（Stephen D. Krashen）的“监察模式”为我们揭示了第二语言（或英语）的习得机制，它由五个主要方面组成。

（1）习得－学习假设。在克拉申看来，习得与学习是培养英语能力的两种途径。习得是学习者在无意识的状态下掌握语言能力的过程，是一种类似于小孩子学习母语的过程。学习是一种有意识的学习方式，通过课堂学习和其他方式掌握语言语法规则。克拉申提出，语言学习只能监控和修正语言，却不能发展交际能力，英语应该通过习得获取。另外，习得能够发展交际能力。

（2）自然顺序假设。克拉申指出，语言的语法规则和结构是按照一定的、可预测的顺序学习的，这一原则也适用于第二语言学习。在学习英语时，通常会发现，掌握进行时比掌握过去时更为重要，且掌握名词复数比掌握名词所有格更为重要。

（3）输入假设。在克拉申看来，理想的输入应具备以下四个特点。

第一，足够的输入（i+1）。“i+1”是克拉申提出的著名公式。其中，“i”代表习得者现有的水平，“+1”表示语言材料难度应略高于学习者目前的语言水平。这意味着，只要学习者能理解输入的材料，且达到一定的量，就意味着已经自动有了这种输入。

第二，可理解性。输入的语言必须可以理解，不可理解的输入对学习者不仅无用，而且还会损害学习者的学习积极性。可理解性的语言输入是语言习得的必要条件。

第三，既有趣，又有关联。趣味性与关联性可以增强语言习得的效果。

第四，非语法程序安排。在语言习得的过程中不必按语法程序安排教学活动，重要的是要有足够的可理解的输入。

根据克拉申的英语教学理论，在教学过程中，教师应该尽可能地提供易于理解的语言输入，并使用各种方法增强这些输入的可理解性。

（4）监察假设。克拉申指出，有意识地学习（知识或规则）只能起到监察的作用，无论是在写作之前还是在写作之后，都可以发挥这种监察作用。然而，要使这种监察作用发挥作用，必须满足有足够的时间、知道规则、注意语言形式三个条件。另外，这种监察作用在不同的语言交际活动（如口头表达与书面表达）中会产生不同的交际效果。

（5）情感过滤假设。情感是指学习者的动机、需求、信心、忧虑程度及情感状态。这些情感因素会对语言的输入起到促进或阻碍的作用，因而又被视为可调节的过滤器。

根据情感过滤假设，英语学习者的积极情感态度有助于更多地输入目的语，而消极情感态度则会过滤掉很多的目的语。因此，教师应避免给学生施加压力，要努力创造一个轻松愉快、自由自在的学习气氛。

（三）认知主义学习理论

20世纪上半个世纪，行为主义学习理论占主导地位。但是，行为主义把人的所有思维都看作由“刺激—反应”间的联结形成的，没有考虑人的意识问题，越来越多的学者对行为主义产生不满。在这种情况下，认知主义学习理论得以发展。认知主义强调学习是通过对情境的领悟或认知而形成认知结构实现的，主张研究学习的内部条件和内部过程。

认知学习理论的主要代表观点有德裔美国心理学家沃尔夫冈·苛勒（Wolfgang Kohler）提出的顿悟说、瑞士儿童心理学家让·皮亚杰（Jean Piaget）提出的发生认识论、美国教育心理学家杰罗姆·西摩·布鲁纳（Jerome Seymour Bruner）提出的发现学习理论及美国认知教育心理学家戴维·保罗·奥苏贝尔（David Pawl Ausubel）提出的认知－同化学习理论。

1. 沃尔夫冈·苛勒的顿悟说

德裔美国心理学家苛勒是格式塔心理学的创始人之一。格式塔是德文“整体”的译音，其含义是完形，指被分离的整体或组织结构。格式塔理论认为，解决问题是学习的关键，因此我们必须深入理解情境中事物之间的关系，并将其转化为一种完整的形式，以便有效地实现学习目标。苛勒以格式塔理论为基础，在《猿猴的智力》一书中提出了顿悟说。顿悟说有以下两个主要观点：第一，学习不是刺激与反应的简单联结，而是通过有目的的、主动地了解和顿悟组织起来的一种完形；第二，学习不是通过不断尝试和犯错获得的，而是通过不断思考和理解实现的。

2. 让·皮亚杰的发生认识论

皮亚杰是瑞士儿童心理学家，他的理论核心是发生认识论，主要研究人类的认识，具体地包括概念、推理、注意、记忆、表象、决策、语言、感知觉、问题解决、认知发展和人工智能等。

在皮亚杰看来，无论一个人的知识有多么高深、复杂，都可以追溯到他的童年，甚至是胚胎时期。人出生以后如何形成认识、发展思维，受哪些因素制约，各种不同水平的智力及思维结构是如何先后出现的等问题都值得研究。因此，他将自己的研究集中在认知发展的阶段性和认知发展的机制这两个问题上。

皮亚杰将原先无法探测的大脑活动过程抽象为可以直接观察的心理模型，通过客观方法研究更加高级和复杂的认知活动，使人类对自身的认识向前推进了一大步。

3. 布鲁纳的发现学习理论

布鲁纳的发现学习理论认为，学习的实质是主动形成认知结构。认知结构是一种基于过去经验的、不断变化的过程，它可以帮助我们更好地理解和感知新事物，是学习过程中不可或缺的内在因素和基础。

布鲁纳将学习划分为获取、转化和评价三个基本阶段。这三个阶段几乎同时发生，因为每一门学科都会涉及新的知识，所以学习者必须经历获取、转化和评价的过程，以便更好地理解和掌握知识。因此，发现学习法是最佳的学习方式。发现学习是以学生为中心，以教师激发学生的学习兴趣和学习动机为前提，以引导学生进行观察、分析、归纳等逻辑思维活动为方式，以培养学生独立分析问题和解决问题的能力为目的的一种学习方法和教学方法。发现学习理论是布鲁纳对学习论和教学论的结合作出的一大贡献。

4. 戴维·保罗·奥苏贝尔的认知—同化学习理论

奥苏贝尔对学习进行了如下两个维度的划分。

（1）学习可以通过接受性学习和发现性学习实现。接受性学习是指教师以固定的方式向学生传授课程内容。发现性学习不是直接地向学生提供课程内容，而是让学生通过自己的探索和思考，将所学知识融入他们的认知体系中。

（2）学习分为机械学习和意义学习。机械学习是指学生仅仅记住一些符号的词句或组合，而不能真正地理解其中所包含的知识；意义学习是指学生通过将新知识与已有的认知结构建立起联系，从而获得更深入的理解。

两个维度的结合可将学习分为四种类型，即有意义的接受学习、有意义的发现学习、机械的接受学习与机械的发现学习。在奥苏贝尔看来，有意义的接受学习可以在短时期内使学生获得大量的系统知识，是教学的首要目标。

奥苏贝尔还提出，有意义学习的过程是原有观念对新观念加以同化的过程。同化有以下三种方式。

（1）总括学习。总括学习（又称上位学习）是指在若干已有的从属观念的基础上归纳出一个总观念。

(2) 类属学习。类属学习（又称下位学习）是指把新观念（从属观念）适当地归入原有观念（总观念）并在二者之间建立联系。

(3) 并列结合学习。并列结合学习是指新知识与旧知识具有某种共同的属性，因为新知识可以被原有的知识同化，获得意义。需要注意的是，在意义学习后，同化过程并没有结束，必须不断地对知识进行改组与重新结合，才能习得并保持知识。

第二节　基于建构主义的教学理论

一、建构主义学习理论

20 世纪 90 年代，一个新的理论在美国诞生——建构主义，它是对多个学科进行综合发展起来的一个学科，所以它的理论体系都很多，非常烦琐。所以说不同的研究者有不同的学科理论，这也使得建构主义的理论很不同。但是他们都认同知识不是被动接受的，而是认知主体进行积极主动建构的结果。因此这一观点也被所有的建构主义研究者称作建构主义的第一信条。除此之外，建构主义研究的目的是强调人类对认识的能动性，展现人类的认识对经验、环境及社会的作用和对它们的依赖作用，并且指出知识的意义不是一成不变的，而是随着学习环境的变化而不断发生改变。建构主义所研究的相关内容对人类的教育及对教育的研究都有很重要的指导意义，因此，建构主义在发展的过程中逐渐和教育时间相结合，就构成了建构主义学习理论，并且不断地为各个国家的教育改革提供思想上的指导。

（一）建构主义学习思想

建构主义的影响是非常广泛和深刻的，而且对于它的定义也很难具体化，它的思想的进化也是一个曲折的过程。建构主义思想最初来源于 18 世纪，学者代表有意大利的语言学家维柯（Giovanni Battista Vico）和德国的哲学家伊曼努尔·康德（德语：Immanuel Kant），而皮亚杰、维果茨基（Vygotsky）被公认是现代建构主义学习理论研究的先驱。

在建构主义学习思想的研究中，有一个鼻祖式的人物，那就是前苏联时期的心理学家维果茨基。他提出了“文化历史发展理论”，这一理论指出了学习者在认知的过程中社会文化历史背景所起到的关键作用，而且还在其基础上发明了新的理论——最近发展区。通过上面的理论，维果茨基指出，个体的学习过程离不开特定的历史背景和社会文化，而且个体在学习的过程中，社会在这个过程中会发挥非常重要的积极作用。维果茨基在前面理论的基础上将个体的发展水平分为了两种：一种是现实的，另一种是潜在的。前一种是指个体通过自己的活动能够达到的水平，后一种是个体不能独立完成，需要通过他人的帮助才能完成的水平。最近发展区不属于这两种中的任何一种，而是处于两者之间的区域。维果茨基属于位列鲁学派，该学派还在前人理论的基础上对活动、社会交往和人的高级心理机能的发展之间的作用关系进行研究。他们的研究都给建构主义理论添砖加瓦，使其更加完整，同时，也为建构主义理论应用于教学提供了条件。

（二）建构主义学习主张

1. 建构主义知识观

（1）知识是不断进行发展和演化的。建构主义指出，知识并不能表现出某一问题的最终结果或是标准的答案，也不能客观地反映出现实的各种现象，只是人们对现实世界的一种“假设”或“解释”，而且在这一过程中要借助符号系统的作用。知识不是一成不变的，而是随着社会的推移也会发生改变并且进行延伸。

（2）知识存在于主体内部。这一理论认为知识不会存在于个体的外部，而且是以实体的形式，只能存在于主体的内部。虽然人们将知识通过语言符号的形式使知识有了外在表现的样式，但是这也不能说明不同的学习者对相同的知识的理解是一样的。因为不同的学习者之间有不同的经验和背景，而且不同的学习过程对知识的理解也会有影响。

（3）没有绝对的知识。知识只是通过个人的经验将其进行合理化。知识也不能解释世界上任何活动或对任何问题提出解决办法，因为知识总是个体在自己的主观意识上进行建构的。因此，在对问题进行解决时，要根据问题所处的环境进行具体分析，而不是简单地将知识转移过去。

（4）掌握知识的目的就是生存。掌握知识最根本的目的不是对世界中存在的真理进行研究和分析，而是为了最根本的生存问题。建构主义的知识大部分都是针对学科知识的理解和认识，而且必须都具备一定的有用性。科学的知识等同于建构的知识，必须从一定的相关的关系、兴趣及问题的立场上对其进行验证，还要对它的“生存力”和“可操作性”进行验证，如果在验证过程中，能够发现其在各种各样的语境上都存在合适的知识，并且是有用的，那么它就具有了生存力，并且会被应用。

2. 建构主义教学观

（1）教学目标。建构主义的教学目标有侧重点，主要侧重于以下方面。

第一，在教学中注重“理解的认知过程”和起到作用的“意义建构”，并将它们作为中心目标。建构主义强调，如果学生是一个认知者，那么他的生存和感知过程中所做的就是将建构的作用有用化。因此，在教学中，其最基础的目标是对这种建构的过程进行认可和支持。

第二，在教学目标中加入专业化知识。客观真理在建构主义的认识理论中是不存在的，但这不能说明建构主义不承认客观真理的存在。不是在教学目标中将其拒之门外，而是提倡在教学的过程中，也要设计某种学科的专业知识。但是，在激进建构主义看来，学科的知识是某个科学家的论述，是由意识一致而形成的一种理论，而不是一定正确且不存在矛盾的真理。

第三，将社会化和文化适应纳入教学目标的行列。社会文化共同体中的儿童或者青少年的发展都离不开社会化和文化适应，并且也成了现在教育的一种教学目标。建构主义理论指出，社会化和文化适应能够使人们在成长过程中产生的思维与行动和其他人有一样的地方，而要实现这种相同的地方，就要学习。

（2）教学活动。教学活动在开展的过程中要体现出一定的特点，在建构主义者看来，优秀的教学活动，应体现出以下特点。

第一，教学环境应该多样化，教学活动在这种教学环境中开展。这种多样化的教学环境能够使学习者在这一过程中将新的知识和原来所学的知识相结合，使得理解的角度更多。教学活动须是真实存在的情景和问题，学习者可以在这种环境中对新知识进行理解和建构。

第二，通过开展教学活动使教学环境更加多样化，使学习能够在这种学习环境中进行自我建构，并且完成经验的积累和知识的建构。如果学生在这种教学活动中主动对空间进行利用，并且自觉地意识到学习的时机，并且活动和发挥的空间都是自由的，那么就可以说这次的学习活动是成功的。

第三，能够给学生提供一个进行自我发挥的环境是建构主义认为的重要的事情。因此，教师不能根据自己的意愿组织教学活动，而是根据学生的认知结构、观念世界及相关经验进行建构。

建构主义教学活动具有的显著特征有使学生之间的对话增多，不直接将问题的答案讲授给学生；教学活动实施的过程中，鼓励学生对一些错误和矛盾进行论述，并对真理提出疑问。

整个教学过程要使学习者一直在“最近开发区”、使学生的发展最大化。因此，教师在组织教学活动时，要结合学生的情况，并且对问题进行及时解决。

（3）教学过程。对具体教学过程可以进行以下总结：学生通过教师的帮助，能够自主地对相关知识进行建构。这个过程是在学生个体的内部进行的。这个过程要依靠学生当前所拥有的知识、态度和兴趣，并与新的经验进行结合。所以，教师在这一过程中，也要以学生当前所拥有的知识、态度和兴趣为基础，建构出的教学环境能够使学生在教学过程中获得经验，这样学生才能够在教师的促进中，对自己当前的知识进行建构。

（4）用建构主义看待教师及其专业发展。不要将某种主义、某种教学法强加给教师，而是根据各种途径了解教师现阶段所处的真实环境、思想观念等，而且还要根据他们的各种要求对教师开展相关的培训工作。

可以进行反思式的教学，也就是说教师在教学过程中，可以对自己的教学方法或教学过程进行记录，然后再进行相关的讨论，从而对自己在教学过程中出现的问题进行反思。

3. 建构主义学习观

（1）学习的实质。学习是认知结构改变的过程。建构主义者指出，对学习者的认知结构进行改变的方式有同化和顺应。人的认知水平的发展是这样的一个结构变化过程，即同化—顺应—同化—顺应……循环往复，平衡—不平衡—平衡—不平衡……相互交替。所以，建构主义认为学习的过程不是对信息进行积累，而是在学习的过程中，新的知识和旧的知识经验发生冲突，并在这个过程中学习者对自己的认知结构进行改变。

学习是一个自我组织的过程，它不断地构建和发展自身，从而形成一个完整的循环过程，而且是封闭性的，没有起点和终点可言。因此，建构主义者指出，思维和学习是通过已有结构规定的，而不是由外部决定的，学习的整个过程应该是：兴趣—知识—记忆—情感—感知—反省—行动—平衡—摄动—重建—迁移—兴趣。

学习是个体主动建构自己知识的过程。建构主义学者指出，教师的教学过程不只是把知识直接教授给学生，而是让学生自己对知识进行建构，所以，学习是一个积极的建构过程。学习是新旧知识经验之间双向的相互作用过程，而不是简单的信息输入、存储和提取。学生在这个认知中扮演着重要的角色，他们通过学习构建自己的理解，并将其应用于现实世界中。而且，理解的过程是对于事物进行赋予意义的过程，这也表明，学生一定要结合自己的知识经验对所建构的对象进行解释。

（2）影响学习的因素。①先前经验的作用。学生在学习的过程中，脑海中对即将要学习的知识进行了解或是有一个大概的印象。②协作与对话的作用。建构主义者将合作学习与协作、对话相结合，利用合作学习这一平台进行协商对话。学习共同体之间的协商对话就是学习。③真实情境的作用。建构主义理论指出，在意义建构中，情境会起到很重要的意义，在学习的过程中，会和情境产生非常密切的联系。并且他们还指出，学习一定在特定的情境中才能够完成，而且知识也要处在这种情境中才能展现出其意义。所以，在教学中，要使学生处在一定的情境中，在这种情境中完成真实存在的任务，并且获取经验，建构知识，从而使学生学会掌握并且运用知识。④情感的作用。建构主义理论认为，情感对认识和学习的影响包括以下几个方面。第一，情感会对认识起到很重要的作用，有积极的也有消极的，如果是积极的就会使人对知识产生很浓厚的兴趣，如果是消极的就会影响人们的认识能力。第二，情感在人的认识方面也会造成影响，主要表现在指向性和选择性。情感在人的学习过程中，会影响人会选择什么样的认识对象，并且具有侧重点。第三，情感在上下波动时会对认识的状态造成一定的影响。例如，人的情绪处于稳定的状态时，就会对事情作出正确的判断。第四，在评价中，应该和学习环境相结合，不应该只是应用在教学设计中。还有一点值得注意的是，造成学习结果的主体是学生本人，因此在评价中也应发挥学生的作用。

评价的主要目的是发现教学过程中不利于教学目标的部分，从而进行调整和整合。第五，错误和失败的意义。建构主义理论认为，在学生进行有效学习和发展理解的过程中，出现错误及对错误进行反省是必不可少的。一个人只有在学习一个“正确”的答案并且能够成功地避免可能再出现的各种错误时，他才能真正理解这个答案为何及如何是正确的，也就是说，理解需要错误学习。因此，在建构主义者看来，如果出现错误，学生可以在一起进行讨论，发现问题的根源，并对其进行改正。

二、建构主义与英语教学的关系

“基于问题学习”是建构主义的一种重要理念，它鼓励学生以自主的方式探索、合作、探究，以及在教师的指导下，通过个人、小组的方式，从实际生活中提出问题，并进行信息提取、处理，探索解决问题的学习方式。

在传统的英语教学中，教师通常会按照预先设定的方法和步骤进行讲解，忽略了语言作为人类思维、观念和情感交流工具的重要性。这种方式将英语视为一种单纯的知识教学。受这种教学理念的影响，语言的双向交流价值未能得到充分发挥，学生对英语学习缺乏兴趣，甚至认为只有通过考试才能获得英语成绩。

建构主义理论认为，英语教学应该从教师转向学生，教师应该成为课堂的指导者和核心，学生应该处于被动地位。“在问题解决中学习”提倡积极思考，不断提出问题并寻求解决方案。教师的角色从控制者转变为指导者，在学生自主学习的过程中提供必要的支持和帮助，组织学生进行学习，并在学习过程中提供必要的指导，帮助学生建立意识，从而培养他们的自主学习能力。教师应该激发学生的学习热情，并通过这种热情激发他们的学习动机。上述理念鼓励学生进行探索性学习，激发他们的求知欲望，培养他们的创造性思维能力，让他们在发现问题、探索问题和解决问题的过程中，不断获取知识，巩固知识。教师需要善于挖掘素材，创造各种问题情境，鼓励学生从不同角度和层面深入探索问题，安排适合学生的语料和语境，建立并维持能促进学习的良好心理氛围，以便让学生在探索中获得更多的知识，并在解决问题的过程中不断提升自己的能力。教师应该积极鼓励学生主动探索、分析和解决问题，并允许他们发表自己的想法和观点。另外，教师还应该培养学生在学习过程中及时反思的能力，以提高学习效率和质量。

学生应该具有自主性，通过独立思考和自我评估发掘自己的潜能。

建构主义学习观认为，教学是一种基于社会互动的协作学习，以合作为核心策略，通过与学生的共同努力，建立起知识网络。这种知识的建立不仅是个体与外部环境的交互，还是建立在社会性的互动协作之上。建构主义理论认为，个人只有通过共享和协作，才能克服自身经验的局限性，从而更准确、更丰富和更全面地理解世界。现代英语教学应该是一种互动式的学习方式，通过师生之间和学生之间的交流提高学习效果。在这种环境中，学生可以在老师的指导下进行思维活动，并通过协作完成知识建构。教师和学生之间的交流不仅是在认知层面上，更重要的是在情感层面上，这样才能促进学生产生积极的情感转移。通过学生之间的合作，可以激发学生的情感、认知和学习，并促进他们在自主学习中更客观地认识自己和世界。

传统的教学方法往往忽略了情境的重要性，但建构主义理论认为情境是非常重要的。在教学中，教师应该将语言知识的学习和实际应用结合起来，为学生提供一个真实的学习环境。为了更好地教授英语，教师应该尽量选择与学生日常生活密切相关的材料，并设计与学生经验和现实情境相关的课程活动。这样，学生就能在自己创造的情境中进行交流、自主学习，并充分展示自己。通过实践，实际操作、交流、合作和探究等方式，可以培养学生的英语综合能力。

三、基于建构主义的课程设计理念转变

在建构主义的视角下，课程设计的理念是建立在对学生、知识、教学和情境的全面考量之上，这种理念为课程设计提供了强有力的理论支撑，进而推动了课程设计的发展。

（一）建构主义知识观：由静态到生成

在建构主义的观点中，知识不仅是对认识对象的镜像反映，而且是具有生成性，不是静态的、绝对的。认识对象是客观存在的，它们随着时间和地点的变化而发生变化，因此，对它们的解释也不是一成不变的，“定论”也不是一成不变的。所有的知识都需要经过检验和反驳，而且对于认识对象的解释也是不断变化的；认识者在认识对象的过程中，不仅要积极地反映出事物的本质，而且要不断地拓

展自身的知识面，以便更深入地理解它们。知识的主体和权威不是认识者，而是由他们自身所定义的。

基于建构主义知识观的课程设计，不再局限于传授固定的知识，而是将其融入学生的学习中，以“弹性的”“灵活的”为指导，让学生在学习过程中体验到知识的动态变化，从而更好地掌握知识。通过建构主义知识观的课程设计，师生共同参与，让学生学会学习、学会创造、学会发现，从而获得更多的知识。这种设计不仅是绝对的、客观的，而且是具有弹性的、生成的，能够更好地满足学生的需求，激发学习兴趣。课程设计不仅是一个成品，还可以根据教学活动的变化而发生改变，进而满足教学目标。因此，我们应该重新审视课程的设计，从传授知识的角度转变，从强调学科本位转变为注重整合，从书本知识转变为更加灵活、实用的内容。

（二）建构主义学生观：由目中无人到以人为本

建构主义理论挑战了传统的观念，即将学生视为独立的个体，并且认为他们应该受到多种不同的教育方式的影响。它强调了学生在教学过程中的重要性，并且认为他们应该成为教育的主体。

第一，学生是教学过程中的主体，他们应该得到充分的尊重和关注。这正是当前课程观念所强调的以人为本理念。

第二，学生具有发展性。学生作为一个独立的个体，在学习过程中不断发展，从而走向成熟与健全。他们的心理和生理都处于不断变化的状态，这是一个发展的过程，无论是在身体上还是在精神上。换句话说，生命不断发展，教育也不例外。学生的教育为潜能提供了无限可能，因此教育应该为他们的发展提供充分的准备，为他们创造良好的条件，以便他们能够充分发挥自己的潜能。

第三，学生具有完整性。完整性是指学生在学习过程中所获得的全面发展，因为人的生命是一个复杂的系统。教育的目的是帮助学生在获取知识的同时，培养自己的人格和情感，从而激发出潜在的创造力，并在这个过程中体验到生命的多样性和完整性。

第四，学生具有个性化。教育者应该认识到，每一个学生都是独一无二的个体，拥有自己独特的个性，因此，在教学过程中，应该尊重学生的个性特点，激发他们的积极性和主动性，这是因材施教所提倡的基本原则。

根据建构主义学生观，课程设计应以学生的个性为中心，充分考虑到他们的特点，而不是忽视他们的特点存在。课程设计应体现以人为本、以生为本的哲学理念，尊重学生的主体性和完整性，为他们提供个性化发展的环境，这需要课程设计者从自上而下的方式转变为自下而上的方式，以学生的需求为出发点，努力满足他们的学习需求，让他们在学习过程中得到最大的满足，从而实现他们的潜能发挥。重新设计课程时，应从实践中获益。

（三）建构主义教学观：由以教为主到以学为主

建构主义教学观强调以学生为中心，重视学习者的主体性，而不是教师作为唯一的传授者，这样才能使教学过程更加有效、有意义。因此，教学活动不仅要求教师传授知识，更要求学生主动参与，以促进学习者的发展和成长。建构主义理论强调学生在学习过程中扮演着重要的角色，它认为学习是一个自主的过程，需要教师的帮助和指导才能建立起自己的知识体系。因此，建构主义认为，教师应该鼓励学生主动学习，并积极参与到学习中来，以促进他们的学习效果。知识建构是一种独特的学习方式，它涉及学生从已有的知识经验中汲取灵感，并将其转化为新的知识，从而使其具备更强的适应性。这个过程需要学生主动参与，在老师的指导和引导下，他们需要仔细分析知识的合理性和有效性，深入理解其内涵，并将自身的知识经验融入其中，从而形成自己独特的解释和观点，从而实现知识的建构。不只是仅仅通过浅显的理解来机械地记住知识。

建构主义教学观强调以学生为中心，让他们在主动参与活动的过程中，建立自己的知识体系。因此，课程设计时应充分考虑学生的需求、兴趣、个性特点及已有水平，并从人类社会历史经验中选择最合适的题材，以便让学生能够更好地理解和掌握知识。在课程设计中，应该采用三级布局，即国家课程、地方课程和校本课程，以便充分考虑到不同地区和学校学生的个体差异，并将它们有机结合起来。

（四）建构主义情境观：由抽象化到情境化

建构主义理论强调，在教学过程中，应该让学生从抽象的知识体系中获取灵感，引导他们进入真实的问题情境，用生动、形象、真实的故事展示问题和知识，激发学生的思维。这样，教学情境就会变得更加生动有趣，使教学内容从抽象转变为情境，从复杂转变为简单。建构主义理论认为，情境应具有真实性、复杂性和情节性，以便能够让人们感受到它的存在。

在课程设计中，强调再现知识产生的背景和应用情境，以便营造真实生动的学习环境，从而提高学习效果。尊重学习情境化的做法有两个方面的意义。一方面，通过将复杂抽象的科学知识编排成情境化的形式，使学生能够更加生动地理解和掌握知识，也可以让学生在实践中体验知识的运用，从而更好地理解和掌握知识。另一方面，李吉林老师的情境教学主张强调，课程设计应该尊重学生的情感，并以情境化的方式呈现，以便让学生在有趣的情境中学习，激发他们的智慧火花，进而更好地满足学生的发展需求。在课程设计中，“留有余地”的选择和组织是非常重要的，以便在教学过程中能够灵活地运用情境达到最佳效果。

第三节　任务型语言教学的理论与方法

任务型语言教学法是一种重新定义语言交流的方法，旨在将理论转化为实际应用。它将任务设计、执行和评估作为主要环节，并将学生的参与作为重要组成部分。这种方法能够有效地打破学生被动接受知识的模式，同时也能够更好地关注学生的学习过程。

任务型语言教学法是一种重要的教学方法，它强调通过设定明确的任务帮助学习者更积极主动地学习和实践语言。这种方法注重培养学习者之间的交流能力，并确保语言教学的可靠性。

一、任务型语言教学的理论研究

任务型语言教学是一种重要的交际方式，它的核心理念是通过实际任务提高学生的交流能力。这种教学方法与传统的交际教学方法有很多相似之处，但也有一些不同之处。任务型教学是一种以任务为中心的教学方法，它强调通过实际任务帮助学生学习语言。这种方法的倡导者认为，这种方法与交际语言教学的基本原则是一致的，因为它能够帮助学生更好地理解和掌握语言。例如，通过实际交流活动，学生可以更好地理解语言，并能够更有效地完成有意义的任务。研究者认为任务是将这些原则付诸实践的有效媒介，学习者可以通过完成各种任务发展交际的能力。

（一）“任务”的指向性

关于任务的定义，在《任务型语言教学》一书中有以下观点。

英国语言学家简·威利斯（Jane Willis）认为：“任务是学习者为了做成某件事情用目的语进行的有交际目的的活动。”①

M.拜盖特、P.斯凯恩和M.斯温认为，任务是一种可以根据学习者的需求和意愿而变化的活动。通过这种活动，学习者可以有意识地使用语言来实现目标。

大卫·努南认为，交际任务是一种有意义的课堂活动，它能够帮助学习者更好地理解、处理问题、发挥创造力，并且能够通过语法知识表达意义。在这种活动中，学习者不仅要注重语言的形式，还要关注如何使用目的语进行交流。

杰克·理查兹、约翰·普拉特和海迪·韦伯认为，任务是一种活动，它可以帮助人们学习、理解和体会语言，如在听录音的同时，画出一幅地图，根据指令作出反应，等等。

M.布林将任务定义为一系列精心设计的、旨在提高语言学习效果的活动。这些活动包括明确的日期、适当的内容、独特的学习方法及各种不同的成果。

M.威廉姆斯和R.伯登提出了一种更加宽泛的定义，即任何能够促进学习者语言学习进程的活动。

P.斯凯恩总结了C.N.坎德林、M.H.朗等的观点，并将“任务型”中的任务定义为五个方面：①任务的重点在于意义；②在完成过程中，需要通过语言交流来解决问题；③任务与现实生活有相似之处；④首先要完成任务；⑤根据结果评估任务的成效。

因此，任务的重点应该放在学生如何有效地沟通和交流上，而不是仅仅关注他们使用何种语言形式。任务应该具有可行性，学生应该把重点放在如何完成任务上，而评估任务成功与否的标准则是任务是否能够在现实生活中得到有效实施。根据上述不同的任务定义，可以看出，对于任务的看法存在两种。一种认为任务应该涵盖所有学生在课堂上应该完成的活动，包括语言学习中的各种形式，如语

① 张丽华．任务型语言教学与实践[M]．哈尔滨：黑龙江人民出版社，2008.

法练习和有控制的实践活动。动作不仅是交际性的，也是机械性的、重复性的。有些人认为，动作与交际之间存在必然的联系，它的目的是交流意义。然而，“练习”中的语言形式活动（如语法、语音和词汇练习）并不能算作任务。

（二）任务型语言教学理论的内涵

任务型语言教学注重学习过程，而不是学习结果。它强调交流、有意义的活动和任务，这些活动和任务是学习过程中最基本的部分。通过参与和完成这些任务，学生可以掌握语言技能。这些任务可以是日常生活中的真实活动，也可以是课堂上为了达到教学目标而设计的任务。在这种教学方法中，重点关注学生的交流能力和学习过程，而不是学习结果。任务和活动的顺序是由它们的难度决定，同时取决于许多因素。例如，学习者过去的经验、任务的复杂程度、所需的语言能力及可以获得的支持。

在许多不同的领域中，包括心理学、社会语言学、语言习得研究、课程设计、学习过程、认知发展、心理健康和教育理念，都为任务型语言教学提供了丰富的理论支持。然而，其中最根本的理论依据仍然是语言习得理论和社会结构理论。

斯蒂芬·克拉申提出了两个不同的语言学习概念，它们分别是学习和习得。学习是指有意识地学习语言，而习得则是通过实际交流和实践来掌握语言。克拉申强调，掌握语言的过程不仅是技能的训练，还是一种交流的过程，而不只是学习语言知识的结果。克拉认为，“可理解性的输入”是学生掌握语言的必要条件。如果输入超出了个人的能力范围，学习就会自然而然地发生变化，从而提高学习效率。学习语言的过程中，记忆语法知识并不能保证正确使用它。为了让学生掌握所学的语言，他们需要大量的实际练习。即使他们已经掌握了语法规则，也不一定能在实际应用中正确运用。语言学习者需要不断地接触和实践语法规则，以便在不同的情境中理解和运用这些规则。这样才能逐渐发展自己的语言系统。因此，即使他们能够理解一项语法规则，也不一定能够将其内化并运用到实际中。

M.H. 朗认为，“对话性互动”是学习语言的基础，“修正性互动”是学习语言的关键，它不仅是一种简单的语言形式，而且是一种可以让学生理解和表达的机会。根据美林·斯温的输出假设，学习者不仅需要理解输入，还需要有机会进行输出。研究表明，学习者的参与度与语言熟练度之间存在密切的联系。因此，任务型语言教学的倡导者认为，最有效的方法是让学生用目标语言完成各种任务。当学习者积极参与日常交流活动时，他们就能更容易地掌握语言。通过完成任务，学习者可以发挥自己的语言能力，并将所学知识应用到实际生活中。在这种任务型语言教学方式中，学生会专注于语言的含义，努力用自己所学的语言结构和词汇表达自己的想法，并进行信息交流。此刻，他们的思维方式与仅仅停留在语言表达形式上的机械性训练是大相径庭的。

教学方法中，以任务为基础的教学已经成为第二语言教学的常见做法。然而，近年来，学者提出了三种不同类型的任务，旨在帮助学习者更好地理解语言的形式。这些任务既有意义性，又能促进交流，因为学习者需要参与以意义为主的交流。学者提出了三种不同类型的任务，它们分别是基于结构的产出型任务、理解型任务和增强意识的任务。产出型任务要求学习者使用目的语的形式完成纯粹的交流活动，这些任务的材料不仅局限于语法形式，而且还需要借助目的语的结构实现。理解型任务旨在帮助学习者更好地理解语言的规则，通过精心设计的输入材料，学习者可以感知到语言的规则，并能够根据这些规则作出适当的反应。这些任务通常是以隐性的形式在交际情境中介绍目标语言的语法形式，强调学生在学习语法时必须置身于有意义的且可理解的语言环境中，并通过实践和大量的语言材料推导出语言的规则。为了更好地学习目标语言，我们应该尽可能自然地掌握语法。增强学习者语法意识的任务是通过互相讨论语法结构完成，这些结构包括语法形式。通过分析讨论材料中的语法形式，学习者可以推断出一些规则。

二、高校英语语言教学的现状

（一）高校英语语言教学存在的问题

1. 英语语言教学重视程度方面

在我国，英语教学中仍然存在许多问题，其中最突出的是教师对英语语言教学的重视程度不够。这些问题表现在教师没有及时纠正学生的语法和发音错误，并且由于传统的教学模式，教师在课堂上缺乏与学生的互动，只关注理论知识和语法，而忽略了良好的沟通对提高学生能力的作用。因此，学生接受知识的方式单一，缺乏主动性，导致他们对学习英语缺乏热情。此外，教师的专业技能和素养也需要提升。如果他们不能及时更新自己的知识，并且缺乏实践经验，这将严重影响学生的英语学习。

2. 教学内容和教学方法方面

英语语言学是一门具有深厚理论基础的学科，其内容丰富多样。教学方法和内容对学生的学习成绩至关重要，同时也决定了教师的教学能力。本课程将深入探讨语言学研究、宏观语言学、各种流派的发展历史，并对语言学的各个分支进行详细的解读。尽管这种教学方式有着清晰的结构，但它也包含了许多其他的内容。例如，《英语语言学教程》是一本基础教材，其中包含了十二个章节，涵盖了词汇、语音、语义等。然而，由于高校的课程安排时间有限，一个学期的英语语言学教学时间可能会很紧张，因此学生可能无法在有限的时间里系统地学习英语语言学的理论知识和研究方法。由于时间有限，教师只能单纯讲解书中的内容，而学生与老师之间的交流和互动却被忽略。在这门课程的教学过程中，大多数都是以老师为中心的传统方式，学生只能被动地接受知识，很容易产生厌学情绪，浪费了宝贵的教学资源，也很难获得理想的学习成果。

3. 教材内容方面

在当今的大学语言学课程中，《英语语言学教程》《新编简明英语语言学教程》是最常见的教材，其中《新编简明英语语言学教程》由何兆熊、戴栋共同编写，并且在许多院校的研究生入学考试中都被作为参考书，因此，使用《新编简明英语语言学教程》的学生数量也相当多。各种教材都使用了大量的专业术语，内容也相当深奥，它们的理论语言相当抽象，以致学生很难理解。尤其是在句法学的章节中，许多教材习惯性地使用大量的图表和复杂的理论解释，这样的讲解方式让学生感到困惑，进而影响了教学的有效性。

4. 教师知识体系方面

教师是课堂教学的核心，他们的专业知识和教学技能对学生的学习效果有着至关重要的影响。作为一名优秀的教师，应该具备完善的知识体系，以便更好地运用基础理论知识指导学生学习，提高学习效果。然而，当前大多数高校教师只关注专业知识的积累，而忽略了对教学知识的运用和积累，从而导致他们在教学过程中忽视了学生的接受能力。此外，教师也应该反思和总结自身的教学问题，但是目前的高校教师很难做到这一点，他们缺乏教学经验，无法取得良好的教学效果。在英语语言学教学中，学生与教师之间的沟通和合作是非常重要的。然而，许多学生缺乏这种精神，导致他们在课堂上无法很好地理解和应用所学知识。此外，许多教师也没有很好地培养学生的自主分析语言现象的能力。然而，由于英语语言学课程的时间限制和其理论性和复杂性，教师仍然主要通过理论知识讲授，导致学生的自主能力得不到训练和提高。

5. 英语成绩评价方法方面

目前，许多高校和教师都依靠学生的英语考试成绩评估他们的英语水平。然而，这种方法并不能有效提高学生的英语能力。因为学生往往只关注考试成绩，而忽略了日常的英语交流能力，导致了高分低能的情况。在我国，教师在教授英语时往往会把重点放在语法知识上而忽略了实际的交流，导致学生学习的大多是中国式的英语，严重影响了他们的英语水平和沟通能力。

（二）高校英语语言教学的重要性

在当前的情况下高校英语语言教学显得尤为重要，因此加强这方面的教学工作具有十分必要的现实意义。

首先，为了更好地运用英语，必须全面掌握它的语言思维方式。新的课程标准强调了这一点，并且要求在教学中重视培养学生的实际应用能力。这意味着，我们希望学生能够熟练地使用英语进行交流和沟通，并且能够阅读相关的英文资料。根据目前的英语教学情况，许多学生的英语使用能力都不够理想。在日常交流中，许多人会使用“喝茶”来翻译“Drink tea”。这种翻译方式被称作中式英语，它的出现可能是由于学生在学习英语时缺乏语言思维能力造成的。中式英语是一种独特的英语，它以中国文化为基础，融合了语法、词汇和表达方式。大多数高校学生都会在学习英语时不知不觉地接触到这种语言。因此，中国式的英语思维方式对大学生的英语学习有很大的影响。为了纠正这种问题，教师应该加强对学生英语思维能力的培养，使他们能够更好地应用英语。

其次，掌握一门外语是必不可少的，但是，在学习英语的过程中，许多人会遇到阅读方面的困难。这主要是由于他们没有充分了解英语国家的文化和语言习惯。为了更好地理解英语，教师需要培养学生的阅读能力。英语是一种历史悠久的语言，它在过去几十年中逐渐成为全球通用的语言。作为一种日常使用的语言，它反映了英国人民的生活方式和习惯。例如，由于英国的地理环境，经常会下雨或者多雾，因此，英国人在见面时习惯问“What's the weather？”以此来表达他们对英国的历史文化和社会风俗的了解。如果学生不能深入了解英语国家的历史文化，他们就很难真正掌握英语阅读技巧。

最后，通过英语语言教学，教师可以帮助学生更好地理解中西方文化差异，并加强对他们语言思维能力的训练。这有助于提高英语教学质量。然而，由于国内环境的影响，许多学生在学习英语时缺乏正确的认识，有些人过分推崇西方文化，而忽略了中国文化。在教授英语语言时，教师应该帮助学生全面理解和掌握西方文化，并培养他们正确看待中西方文化差异的能力。这种教学方式必须涉及英国的历史和文化，只有通过有效地学习，学生才能提高自己的综合素质。

（三）高校英语语言教学的影响因素

1. 文化因素

文化可以被定义为一系列独特的语言、信仰、习惯、价值观、制度和技术的总和，这些语言和技术既可以是文学、音乐、美术等，也可以是“文化”中提到的社会学术语。语言是文化的重要组成部分，它不仅反映了一个民族的历史和文化背景，还体现了该民族的生活方式、思维方式和人生观。

在语言教学中，文化可以分为两类，即知识文化和交际文化。知识文化涉及一个民族的政治、经济、教育、宗教、法律等方面的知识；交际文化涉及两个不同文化背景的人之间的交流，包括习惯性的称呼、问候和礼貌的语言。语言与文化密不可分，它们相互影响并共同构成了一个整体。语言作为文化的一部分，具有独特的价值，它是人类学习和理解文化的重要工具。

语言与文化之间的关系可以总结为两个方面：第一，一个社会的语言是这个社会文化的重要组成部分，它不仅是这个社会文化的表达方式，也是这个社会文化的基础。只有通过语言，这个社会的文化才能得到持续的传承，并且每一代人都能够理解这种文化。第二，从语言与社会的关系来看，语言也是一种社会现象，它的本质是一种用于交流的工具。语言是一种独特的交流工具，它能够帮助我们更好地理解和表达我们所处的文化背景。因此，在教授英语时，教师应该充分考虑英语国家的社会文化，并将这些知识融入课堂教学中，以便让学生更好地理解和掌握所学的内容。

2. 情感因素

情感是一种个人的情绪和态度，它可以影响人们对客观事物的看法。在高校英语语言教学中，情感也可以指学生在学习过程中的情绪和态度。研究表明，学生的情感状态会直接影响他们的学习成果。

情感因素对高校英语语言教学有重要影响，可以分为两类：第一类是个人因素，如焦虑、抑郁、自尊心和学习动机等；第二类是学生之间和教师之间的情感因素，如情感交流和互动。

焦虑是一种严重的情绪障碍，它会影响高校英语语言教学。这种情绪通常表现为学生感到紧张不安，害怕面对挑战，无法达到预期目标或克服障碍。它可能会损害学生的自尊心和自信心，并增加失败感和内疚感。焦虑可能会导致学生在高校英语学习中陷入恶性循环，但是通过克服焦虑，他们可以摆脱困境。抑制是指学生为了保护自己的形象而采取的回避和退缩的行为。一般，来自外界的批评和嘲讽会对学生的自我形象造成很大的打击，因此经常遭受批评和嘲讽的学生通常有较强的自我保护意识，他们的抑制程度也较高。自尊心是一种重要的情感，它可以帮助学生认识自己的价值和能力，并在受到保护和鼓励的环境中发挥最大的潜力。学习动机是一种激励学生去探索和实践的力量，它可以帮助学生从不同的角度思考问题，而不只是局限于自身的观点。课堂是一个充满活力和互动的环境，它不仅能够促进学生之间的交流，还能够建立良好的师生关系，为学生提供一个良好的学习氛围，从而极大地提高高校英语语言学习的效果。

3. 学生的学习风格

20 世纪五六十年代，“个性化教学”的出现引发了学习风格的概念，20 世纪七八十年代，学习风格理论开始被构建，并逐渐发展成熟。20 世纪 90 年代以来，学习风格理论的研究成果被广泛应用于实践当中，从而为学习者提供了一种更加全面、更加有效的学习方式。虽然学习风格的定义在中外各有不同，但它们的核心思想都是学习者会根据自身的学习经历和需求，形成一种相对稳定的个性化学习方式。研究表明，学习者的学习风格与教学方法有一定的关联。了解并研究学生在学习中的个性特点，对于提高高校英语教学质量具有重要意义。因此，研究学生的学习风格可以为当代高校英语教学提供新的思路，为教师提供新的启示。

三、高校英语任务型语言教学实施方法

（一）任务型语言教学中需要注意的问题

在任务型语言教学中，小组活动是最重要的环节之一。它的有效性直接影响着教学的质量。因此，教师在设计角色时必须充分考虑小组成员的综合素质，并让每个人都能在活动中发挥自己的才能。这样才能保证学生的积极性，提高学习质量。

在任务型语言教学中，时间的把握是非常重要的。教学过程中会涉及许多不同的环节，例如新课讲解、复习巩固和实践练习。每一个环节都有其独特的特点和需求，因此并不是所有的环节都适合使用任务型语言教学方法。任务型语言教学是一种具体而广泛的教学理念和方法，教师应该根据具体情况进行分析，并灵活运用这种方法，以发挥它的优势。

任务型语言教学是一种有效的教学方式，但是要注意它的适用范围。有些教师认为它对学生的素质要求很高，只适合英语基础相对较好且人数较少的班级。这种看法是错误的，因为对于基础较好的学生来说，使用任务型语言教学方式可以轻松应对，而对于基础相对不好的学生，教师会花费更多的时间和精力。现在，许多学生都希望提高自己的英语成绩，特别是交际能力。然而，这并不应该仅仅取决于难易程度，而应该看它是否有效。通过实践证明，这种方法是非常有效的。因此，作为教师，应该根据学生的实际情况，制定适合他们的任务型语言教学内容。

（二）高校英语任务型语言学习的内涵

任务型学习模式是一种重要的教学方法，旨在培养学生的交际能力。它既符合高校英语教学的目标，又能帮助学生更好地应对实际工作和生活中的需求。通过创造真实的情境，学生可以在老师的指导下自主完成听、说、读、写等任务，从而提高他们的实用英语能力。通过这种方式，可以最终提高学生的实际应用英语能力。

（三）高校任务型语言教学的阶段

1. 前任务

在高校任务型语言学习中，教师应该采用以旧引新的方式，帮助学生更好地

理解和掌握新知识。在这个阶段，教师应该激活学生已有的知识，并且重点介绍任务和话题，突出重要的词汇，帮助学生更好地理解任务的指令，并做好充分的准备。

2. 任务链

任务链阶段，学生将通过小组合作的方式完成新知识的学习，教师则会对学生的学习情况进行监督，以确保学生能够有效地掌握新知识。这一阶段的任务链由任务、计划和报告三个部分组成，旨在帮助学生更好地理解和掌握新知识。教师应该鼓励学生进行多种交流活动，以便让他们有机会表达自己的想法。在计划阶段，每个小组应该以书面或口头的形式向全班汇报任务完成情况。由于这是一项公开的任务，所以每个小组都应该努力准确地表达自己的想法。在这种情况下，教师可以提供适当的指导，让每个小组展示自己的报告，并且互相交换书面报告和比较结果。老师可以对每个小组的任务完成情况进行评估。

3. 后任务

后续任务阶段的重点是语言点的教学。在这一阶段，学生将分析课文和录音中出现的语言焦点，教师会引导学生练习新的词汇、短语和句型。虽然不将语言分析和操练作为一项任务，但是在任务型语言学习中进行语法学习是有益的，这一点也得到了广大英语教师的认可。

（四）任务型学习法在高校英语语言教学中的应用策略

1. 推进发展性教学策略的应用

发展性教学策略旨在培养学生的主体性，通过参与、体验和实践提高学生的能力。这种策略不是按照固定的方法进行教学，而是通过实际操作来提高学生的能力。在英语教学改革中，这种策略更适合任务型英语教学。在任务型语言教学中，发展性教学策略被广泛应用，其中包括以下几方面。

(1) 合作学习策略。通过合作学习策略，可以在课堂上建立师生和同学之间的多方互动关系，促进人际交往和信息交流，从而完成任务。这种方法不仅能满足个体的内部需求，还能提高个体的归属感和影响力。通过这种方式，可以在学习语言的同时，实现任务、认知和情感的平衡。

(2) 主体参与策略。通过营造轻松愉悦、活泼有趣的课堂氛围，激发学生的学习热情，让他们参与到教师精心设计的任务中来，从而提升他们的主动性和参与意识。

（3）体验成功策略。通过完成任务，学生可以积极主动地获取和积累相关的学习经验，并从中体验到成功的喜悦，这将有助于提升学生的学习兴趣和成就动机。此外，每一位学生都会积极参与资料收集、交流和报告撰写的过程，因此，当他们的努力以成果的形式呈现时，他们会感受到成功的喜悦，这种自我欣赏的情绪也会进一步激发学生的学习积极性。

（4）差异发展策略。学生的语言能力各不相同，因此任务的呈现方式应该多样化，完成程度也应该多样化。我们应该尊重差异，为每个学生的个性发展创造空间。在完成任务时，每个学生都应该根据自己的英语能力和特长扮演不同的角色，发挥不同的作用。我们应该允许差异的存在，鼓励优秀者更优秀，使每个学生在完成任务的过程中都能发挥自己的英语优势并体现自己的价值。

2. 加强对教师自身知识结构的培养

教师在任务型英语课堂中需要不断更新自己的知识结构，以适应当今社会对英语课程的需求。为了做到这一点，他们需要具备丰富的专业知识和课堂管理能力，并能够进行有效的课程规划。此外，他们还需要准确地把握任务型英语教学理念，并创建独特的教学模式，以吸引学生的兴趣。通过掌握现代教育技术，如利用网络资源开发英语课程，并结合心理学和教育学的理论研究语言教学的规律，教师应该能够根据学生的心理特点和实际情况，灵活运用各种教学技巧和方法，选择和调整英语教学策略，不断反思自己的教学行为，努力成为一名具有创新精神的研究型教师。学校领导应该重视这一问题，并鼓励教师参加在职培训和校际交流活动，提高学校的办学能力。

3. 改革任务型语言学习的评价方式

教师在评价学生时，应该结合高校英语任务型语言学习的总体目标和各级别的分目标，采取多种多样的评价方式，更好地反映学生的学习成果。

首先，在任务型语言学习中，评价应该以多元化的方式来指导，重点关注学生的形成性表现和语言行为。评价应该客观公正，并能够激励学生。教师可以将学习过程与评价结合起来，通过每天安排不同的任务评估学生对所学知识的掌握情况。

其次，为了更好地评估任务型语言学习的效果，应该让学生成为评估的主体，可以通过自我评估、同伴互评、小组互评和合作讨论等方式对学生的表现进行适当的评估。因此，每个学生都能清楚地了解自己的学习情况和实际水平，并且能够反思自己的表现。通过这种方式，学生的主动性将会得到显著提升。

最后，评估任务型语言学习的效果应该是针对不同任务设定不同的评估标准，并结合学生的实际能力进行评估，以便让每个学生都能获得成功。为了更好地评价学生的学习成果，应该建立一个综合性的评价体系，既包括形成性评价，也包括终结性评价。教师和学生之间应该互相评价，以便更好地了解彼此的学习情况。另外，在评估任务型语言学习时，还应该注重评价的适应性问题，不断探索、研究和适应新的评价方法，以便正确处理评价失效的问题。

4. 创造语言应用环境

学校可以通过建立英语俱乐部帮助学生了解其他国家的文化信息。这些俱乐部可以通过举办讲座、订阅外文书刊、播放英文电影及聘请外教授课等方式实现。另外，学校还可以举办一些英语课外活动，如举办英语角专题讲座、自由会话、英语文艺汇演、英语歌曲欣赏和英语演讲等，为学生提供一个更好的学习环境。

第四节　教学系统设计的理论与方法

自 20 世纪 60 年代以来，教学系统设计已经成为一门实践性极强的新兴学科，在教育技术领域中占据着重要的地位。它不仅是教育技术学科体系中的核心课程，而且还是一门融合了教育学、心理学、系统科学等学科研究成果的综合性学科，旨在解决教学问题、优化学习、提升教学效果。

一、教学系统设计的理论体系

（一）教学系统设计的含义

（1）教学设计是系统计划或规划教学的过程。教学是一种通过引导学生探索和实践提高他们学习能力的过程，而教学设计是一个系统化的、有效的实施过程。

教学系统设计是通过系统方法分析和研究教学过程中的各个组成部分，确定解决问题的步骤，并对教学成果进行评估。

教学设计是一个系统化的过程，旨在通过分析教学问题并确定教学目标，制订有效的策略方案，并对其进行试行和评估。它将学习理论与教学理论的原理转化为具体的计划，以便更好地实现教学目标。

（2）教学设计是创设和开发学习经验与学习环境的技术。教育是一门复杂的科学，而教学设计是建立在这一复杂科学的基础之上，它旨在通过提供有效的学习资源和环境，帮助学生更好地理解、掌握知识技能，从而达到最佳的学习效果。

（3）教学设计是一门设计科学。教学设计是一个复杂的过程，它通过科学原理和应用满足人们的需求，并为学生提供有效的学习方案。它是设计科学家庭中不可或缺的一员，负责制订和实施有效的教学策略，以便提高学生的学习成绩。

教学设计通过系统化的方式，将学习理论与教学理论有机结合，制定出有效的教学目标、教学内容、教学方法、教学策略、教学评价等，并创建“过程”或“程序”，激发学习者的学习兴趣，提高教学效果。

由以上定义我们可以得出教学设计的以下相关特征：

①教学设计的根本目的是优化教学，促进学习者的学习；②教学设计是一个问题解决和艺术创造的过程，其以学生为导向；③教学设计需要运用系统方法，并以一定的教学理论、学习理论与传播理论为基础；④教学设计旨在通过反馈、评估等方式衡量教学效果；⑤它是将理论与实践联系起来的桥梁，能够有效地协调各个因素，从而实现教学系统的设计。

（二）教学系统设计的研究对象

我国乌美娜教授在《教学设计》一书中写道：“教学设计是从 20 世纪 60 年代末以来形成和发展起来的，以解决教学问题为宗旨的一门新兴的教学科学。”[①] 这里提到的“以解决教学问题为宗旨”，就是该书确立的教学设计的研究对象。另外，孙可平教授在《现代教学设计纲要》一书中也提到：“教学设计是一门研究学习的学科，也是研究一系列确定技能的学科。”[②] 这里所说的“研究学习”“研

① 乌美娜．教学设计[M]．北京：高等教育出版社，994．

② 孙可平．现代教学设计纲要[M]．西安：陕西人民教育出版社，1998．

究一系列确定技能”为教学设计的研究提供了重要的参考框架。通过对比两个例子，可以发现，人们对教学设计的理解存在差异。这表明，他们对教学设计的研究对象有着不同的看法，尤其是在学科性质方面。例如，“解决教学问题”被认为是一门应用教育技术学科，因此，教学设计应该着重研究它的理论与应用。“研究学习”和“研究一系列确定技能”则被认为是一门研究理论与应用的教育技术学科。根据教学设计的学科理念和特性，教学设计应该包括以下三个方面的具体研究。

1．教学设计要研究教与学的关系

教学过程是一个复杂的系统，由许多不同的因素组成。其中，教师、学生、教学内容和方法是最重要的因素，而教师与学生之间的关系是最根本的。教师和学生是教学活动的核心，是教学过程的支柱。教师的教学和学生的学习是相互依存、相互促进、相互制约的，它们共同构成了一个复杂而又充满活力的教学过程。教学设计研究的核心是探索教与学之间的关系，这种关系的发展决定了教学的本质和规律。因此，在教学设计研究中，我们必须深入挖掘教与学之间的本质关系，以便更好地理解教学过程，并形成有效的教学理论。只有通过正确的教学方式和活动安排，才能将教学理念转化为实际的教学材料和计划，从而使教学设计成为实现教学目标的指南。

2．教学设计要研究教与学的目标

教学设计旨在帮助学生达到预期的学习效果，从而达到教师期望的教学目标。然而，由于哲学家、社会学家、心理学家和教育学家等不同领域的专业人士对教学目标的认知存在差异，以及中小学教学大纲规定的教学目的和目标存在滞后性，因此，对教学目标的研究变得尤为重要，以便更好地指导学生实现预期的学习效果、提高学生的学习兴趣、提升学习效率、提高学习效果，从而达到教学目标。教学设计的有效性取决于它的外部和内部目标的统一性，因此，教师需要综合考虑这些因素，以确保教学设计的有效性。

3．教学设计要研究教与学的操作程序

当前，我国教学论研究存在一个显著的问题，即理论与实践之间缺乏有效的联系，无法将理论转化为有效的操作技术、方法、策略、规范和模式，从而影响教学效果。因此，教学设计就显得尤为重要，它可以作为理论与实践之间的桥梁，促进教学的有效实施。将教学原理和规律应用于实践是教学设计研究的核心任务。为此，教学设计应当深入探索解决教学问题和需求的多种方法，包括但不限于教学媒体的使用程序、课堂管理的技术和方法、教学效果评价工具和方式的编制技术及使用规范，以及教学调控策略等。总之，教师需要研究如何教授技术知识，以及如何让学生掌握这些技能。

研究教学设计的三个方面是：第一方面，它可以提供有关教学设计的理论支持；第二方面，它可以提供有关教学设计的实践技能；第三方面，它可以帮助教师更好地理解教学过程，从而更好地实现教学目标。总之，教学设计是一个完整的体系，需要全面深入的研究。

（三）教学系统设计的研究内容

1.基本概念和基础理论

教学设计是一种概念，它与其他概念有所不同。它具有特定的特点和作用，涉及课题内容和方法论。它可以帮助教师理解教学系统的构成和特性，并在教学中应用系统方法。另外，教学设计还可以通过形成过程、应用范围和层次实现教学设计的理论基础及有哪些理论流派对教学设计产生了重大影响。

2.设计过程

在教学设计的前期阶段，分析学习需求、教学内容和学习对象的重要性不言而喻，因此，应该采取有效的措施完成这三项前期分析工作。为此，可以借鉴教育目标的分类学说，制定出针对这些目标的具体编写方法，并制定出有效的学习评价措施。通过研究不同课型的教学策略，深入探究其组成要素，以期获得更好的教学效果。

3.媒体开发

深入探究教学媒体的特点，阐明选择它们的原因、过程和方法；探究如何利用教学设计原理制作电视和计算机课件等媒体教材。

4.教学评价

教学评价是一种重要的工具，它可以帮助教师了解教学设计的目标和原则。通过制定评价指标，教师可以更好地评估教学方案和媒体教材的成果，并为实施有效的评价程序和方法提供依据。

（四）教学系统设计的学科性质

（1）教学系统设计是一门应用学科、连接学科。作为一门应用学科，它不断地探索和发展理论，并将其应用于实践中。这些理论和方法既具有可操作性，又能够有效地分析和解决教学实际问题。

作为一门连接的学科，它将教育理论与学习理论紧密结合，使教学系统设计中的教学理念与实践活动更加有效地融合在一起，从而提升教学质量。

（2）教学系统设计是一门设计学科。设计是一种解决问题的过程，它涉及决策、问题求解和创造。教学系统设计旨在通过探索和实践，运用已有的教学规律，创造性地解决教学中的难题，从而提升学习效果。

（五）教学系统设计的层次

1. 以“产品”为中心的层次

教学的发展始于“产品”，它将教学所需的媒体、材料、教学工具等作为产品进行设计。教学产品的类型、内容和功能通常由教师和学科专家共同确定，有时也会邀请媒体专家和技术人员参与设计、开发与测试，以评估产品的质量。

2. 以“课堂”为中心的层次

在这个层次的设计中，课堂教学是一个重要的组成部分，旨在根据规定的教学大纲和计划，为一个班级的学生提供最佳的学习环境，以实现教学目标，而不是依赖于新的教学材料。如果教师具备足够的知识和技能，他们就可以独立完成课堂教学设计，而不需要其他人的协助。

3. 以“系统”为中心的层次

“系统”是指一个复杂而庞大的教学系统，它涉及系统目标的确定、实现方案的制订、实施和评估、修正等，其内容涵盖面广，设计难度极高。因此，需要由教学设计师、学科专家、教师、行政管理人员及相关学生组成的小组共同完成。

二、高校英语教学系统设计的基础理论

（一）教学活动中的设计

教学是一种以学生为中心的学习过程，它既包括教师的指导，也包括学生自

主学习。教师的指导是为了帮助学生更好地理解知识，掌握技能，并培养他们的核心素养。学生自主学习是教学的基础，也是教师的重要职责。当然，教师的引导不是随意的，而是依据一定的内容、指向一定的目的、借助一定的方法和技术进行的，是一个有计划的、系统性的过程。

简单地说，教学是引导学生学习、促进学生发展的活动，在这个过程中，为了让学生能够更有效地学习知识和技能，必须认真设计和安排教学活动，并为他们提供有利的学习环境。只有这种有组织、有计划的教与学的活动才是学校教育意义层面的教学。家庭教育、社会教育中的诸多教育活动，与学校教育活动最大的区别在于是否有目的、有组织、有计划。因此，目标指向性、组织性和计划性是教学活动的重要特点。

目标指向性、组织性、计划性是指针对一定的教学目标，提前计划和设计教学内容、教学方法和技术等教学过程中重要的因素，对教学过程作出预设，为了达到更好的教学效果。因此，教学需要设计。

（二）高校英语教学系统设计特征

1. 预设性

英语教学系统设计是在课堂教学活动开展前对整个英语教学活动的预先分析与决策，教学计划的设计需要考虑多个因素，首先从教学目标到教学内容，其次到教学策略和方法，最后到教学活动和评估。这一过程需要认真规划和设计。

英语教学系统设计的预设性特点，对英语教师提出了更高的要求。英语教学系统设计的预设性特点，要求教师不仅能够准确地把握英语学科的最终目的、一定阶段（如一学年或一学期）的任务，还要求教师把握好整个学科的教学内容、教学策略、教学方法等。因为任何一个学科的教学内容都存在一定逻辑关系，如果不考虑内容之间的关系而随意安排教学内容将不利于英语教学的进行。另外，由于教学策略、教学方法等具有不同的适应性，如阅读的教学策略并不一定适用于听力教学，因此，教师需要熟悉这些策略、方法等[①]。

2. 整体性

教学系统设计的理论来源之一是系统理论。由此可知，通过系统科学方法的

① 何广铿. 英语教学法教程：理论与实践[M]. 广州：暨南大学出版社，2011.

指导，教学系统设计过程可以有效地将多种要素进行有机结合，从而实现更加高效、精准的教学效果。这也是科学教学系统设计与传统经验性教学系统设计最大的不同之处。英语教学活动是由教师、学生、教学内容、教学媒体、教学环境、教学方法等多种教学要素构成的一个复杂系统，英语教学系统设计作为教学活动的准备活动，包含了广泛的活动，是由目标设计、内容方法设计、评价监控设计构成的一个有机整体。

英语教学系统设计的整体性要求是指教师在设计过程中，要综合考虑各个要素，并将它们有机地结合起来，以达到最佳的教学效果。这需要教师对教学活动进行全面的规划和安排，确保每一个要素都能发挥作用，使教学活动更加完整、有效。

然而，教学系统设计的整体性并不意味着要求所有因素都得到充分考虑，而是要根据实际教学目标的要求，重点突出某一或几个因素，使其具有独特的特色，从而达到显著的教学效果。

3．有序性

通过设计英语教学系统，我们希望能够有效地组织和安排教学活动，使学生对语言知识和技能产生兴趣，并达到理想的学习效果。英语教学是一个循序渐进的过程，英语教学的内容安排、对学生的要求遵循由简单到复杂、由浅入深的先后顺序，如果顺序乱了，就不利于学生的学习。而英语教学系统设计是对整个教学活动的预设，对英语教学过程具有一定的指导性，因此，英语教学系统设计也应该具有有序性。

4．针对性

英语教学系统设计是对教学的规划和安排，通过解决学习问题，可以提高学生的学习效率。这是一个有效的过程，帮助学生发现问题并寻找解决方案，从而达到解决教学难题的目的。可见，英语教学系统设计具有很强的针对性，是针对具体的教学情境而设计问题。实际上，任何一种教学系统设计都是在某一特定的教学活动背景下进行的。教学活动背景可以是教学目标、教学对象、教学内容、教学媒体等[①]。教学活动背景不同，教学系统设计方案就会出现差异。因此，英语教学系统设计在对某种教学活动进行规划时，不仅要考虑教学目标、教学内容等

---

① 何少庆．英语教学策略理论与实践运用[M]．杭州：浙江大学出版社，2010．

因素，还要特别强调对教学对象即学习者各方面特点的了解和分析，强调以学生现有的发展水平为起点设计教学活动。根据教学目标、教学对象、教学内容、教学媒体的不同调整教学系统设计，是英语教学系统设计的有针对性特点的体现。

通过改进英语教学系统的设计，可以更有针对性地进行教学，提高教学效率，缩短教学时间，并使教学活动更加优化。

5. 机动性

系统的英语教学设计可以根据实际情况进行调整，以满足不同的需求。它不仅可以帮助教师预先分析和决策教学活动，而且还能够为教学过程提供指导。然而，这种设计方式并不是一成不变的，而是灵活的、可变的。因此，教学系统设计应该具有机动性，便于教师能够根据教学具体情况要求及时进行修改。实际上，任何有经验的教师都会根据教学过程的实际进程，灵活机动地予以修正、变通，以适应当时的教学实际需要。

（三）高校英语教学系统设计原则

1. 交际性原则

（1）英语交际特点。英语作为语言，是人类最重要的交际工具之一。语言的最本质功能是交际功能。交际是在特定语境中说话者和听话者、作者和读者之间的意义转换。交际有四个特点，分别是交际有口语和书面语两种形式；交际只在一定的语境中发生；交际需要两个或两个以上的人参与；交际需要两个或多个参与者之间的互动。

（2）教学过程注意事项。英语教学旨在培养学生的交际能力，这种能力可以通过使用英语实现。在不同的场合，学生需要运用所学的语言知识进行有效的交流，这是交际能力的核心。因此，在英语教学中必须贯彻交际性原则，使学生能够运用所学英语与人交流，在教学过程中应注意以下五点：第一，充分认识英语课程的性质；第二，为学生创设各种情景；第三，注意培养学生语言使用的得体性；第四，做到精讲多练；第五，确保教学内容与教学活动的真实性。

2. 系统性原则

系统性原则要求教学内容的安排和教学要求逐步地提高及完成，应有一定的顺序和系统，要引导学生逐渐地、不间断地掌握知识和技能。

知识和技能是逐步地积累和培养而成的。新的知识和技能是在旧的知识和技能基础上获得的，比较高的技能只有在最基本的技能基础上才能获得。只培养较高的技能而忽视基本功的训练是达不到目的的，但是仅仅停留在基础阶段却不向较高的方面去发展，也不能完成培养目标。为此，研究各年级的练习体系是个十分重要的问题。

科学的练习体系与提高教学质量有着密切的关系。一门课程的系统知识和技能只能是长期地、逐步地、点滴地取得，而不是依靠短时期集中突击生效。否则即使暂时取得某些极不牢固的知识和技能，也很快就会遗忘消失。因此，教师在教学中要坚持系统性原则，应从下面四个方面入手：第一，教学内容的安排要有严密的计划和顺序；第二，教师应该有计划、有步骤地进行教学工作；第三，指导学生系统连贯地进行学习；第四，要注意各年级语言材料、知识、技能之间的衔接。

3.真实性原则

真实性原则是为了提高英语教学质量、教学效率和教学成绩，英语教师应该对教育因素的真实内涵，尤其是英语教育的真实目的、学生的真实学习目的和动力、真实学习兴趣与真实学习困难和真实的英语学习动机等有所把握，并保证英语教学中的语义、语境、语用材料、教学过程、教学系统设计、教学系统设计和技巧及教学技术等因素的真实性。在英语教学中，遵循真实性原则就是保证各个环节的真实，以培养学生综合语言运用能力为总目标，以交际法和任务型教学为策略，在真实的环境中获得真实的语言能力。在英语教学中要实现真实性原则，需要做到以下四个方面：第一，重点关注语言使用的目标；第二，使用真实的教学内容来进行教学；第三，精心设计课堂活动；第四，制订有效的教学检测和评估方案。

4.循序渐进原则

循序渐进性原则是指教学活动要结合学科的逻辑结构和学生的身心发展情况，有次序、有步骤地进行，使学生能够有效地掌握系统的知识，促进身心的健康发展。这一原则是科学知识发展的客观要求，也是教学制约学生身心发展规律的反映。循序渐进有利于将学生的已有知识、生活经验及好奇心联系起来，有助于他们认清事物发生及发展的过程，明晰学习内容的条理，逐步掌握解决问题的方法，形成解决问题的能力。贯彻这一原则需要做到以下三个方面。

第一，精心设计每个教学环节，明确各个教学环节的目标，选择最佳的方法及手段，使知识呈现生活化和生动化、使形象向抽象逐步过渡、使操作技能与逻辑思维的发展有机结合。

第二，保证每个教学环节过渡得自然，做到承上启下。

第三，有序拓展知识网络，懂得每一次的学习都是知识的又一次积累和补充，以便形成较为完整的知识体系。

5．发展性原则

教学是传授知识的过程，也是促进学生身心发展的过程。在传授知识的同时，促进学生的身心发展是教学过程的客观要求。教学的发展性规律主要是指在教学过程中，在传授知识的同时，影响着以智力为核心的身心发展，学生以智力为核心的身心发展又影响着学生对知识的掌握。

在教学过程中，向学生传授知识和发展学生智力并不是相互对立及相互排斥的，而是相互促进、相互影响、相辅相成的。因此，学生的成长可以被视为一个完整的生命过程，它既包含内在的和谐，也包含外在能力的多样性，并且在身心发展方面都达到了统一。要实现英语教学的发展性，需要做到以下三点。

第一，教师要关注每个学生的成长，以保证所有学生都得到发展。

第二，充分挖掘课堂存在的智力和非智力资源，并合理、有机地实施教学、使之成为促进学生发展的有利资源。

第三，为学生设计一些对智慧和意志有挑战性的教学情景，激发他们的探索和实践精神，使教学充满激情和生命气息。

6．文化导入原则

语言是一种文化的表达方式，它与文化密不可分。同时，它也是一种反映社会现实生活的工具。通过对语言的特征进行分析和使用，我们可以更好地理解一个民族的思想和生活方式。语言是一种独特的工具，它反映了一个民族的文化和风俗习惯，并成为这些文化的一种表达方式。因此，在进行英语教学时要重视英语国家、民族的文化和社会习俗，帮助学生了解其中的文化差异，扩宽视野，不能穷追，不能回避，也不能胡乱解释或更改。

由于学英语是为了用英语，用英语是一种文化交际，如果不尊重英语民族文化，就很难得体地使用语言，进一步会妨碍彼此的沟通。在英语教学活动中，可以从以下四个方面来进行文化教学：第一，注意捕捉教材中的文化信息；第二，运用真实的情景教授文化知识；第三，认真分析中西方文化的差异；第四，充分利用多媒体与网络进行教学。

7. 可持续发展原则

在完成基础英语教学阶段的学习之后，学生还要向更高级别的英语教学阶段发展，继续进行英语学习，因此，在英语教学中，教师就要坚持可持续发展原则，在实践中自觉地为学生打好向高级阶段学习的基础。具体可从以下两个方面入手。

（1）知识的前后正迁移方法。遗忘是学习任何知识都不可避免的问题，因此必须巩固习得语言知识。但是，仅凭消极的巩固往往得不到满意的效果，因此需要在教学中培养学生的英语实践能力，即在发展中达到巩固，以巩固求发展。而巩固性和发展性需要会在概念同化、知识和技能的迁移中体现出来。教学中应尽可能地通过各种方法增大正迁移量，以便学生更好地掌握知识和实践能力。

（2）学生学习英语正确态度的培养。结合学习内容讨论情感问题。在日常的英语课堂教学中，教师要注意融入积极的情感态度的培养，针对学生学习过程中出现的具体问题进行具有针对性的引导、帮助学生解决情感态度方面的问题、建立情感态度的沟通渠道。情感态度的沟通和交流渠道可以通过教师在课堂教学中建立起来，如建设融洽、民主、团结、相互尊重的课堂氛围等。有些情感态度宜集体讨论，有些问题则需要师生之间进行有针对性的单独探讨。但在沟通和讨论过程中，教师要注意尊重学生的感受，避免伤害学生的自尊心。同时，情感具有外在和内在的表现，教师要仔细观察，了解学生的情感态度，培养学生积极的情感，消除消极的情感。

三、高校英语教学系统设计环节与方法

（一）教学分析环节及其方法

在设计教学系统之前，首先必须对教学情况进行全面分析，并以此为基础构建出一套完整的理论框架。其次需要收集和分析相关的教学数据，并将其进行综合整理，最后形成一份详尽的教学分析报告。教学分析的重点有以下几点。

1. 对学生的学习需求进行分析

学生的学习需求是指他们在某个阶段的学习水平与他们期望的教学目标之间的差异。高校应该有针对性地分析学生的实际需求，以便更好地了解英语能力不高、不喜欢学习英语或者学习方式单一的学生，从而为教学提供针对性的建议。

2. 对学习内容进行分析

学校要求学生掌握知识、技能和行为习惯，因此，学习内容分析是必不可少的，它可以帮助我们更好地确定学习内容的范围、深度和内容成分之间的联系，从而使学习更加有效、有针对性。在设计教学系统时，高校应该重视学生的学习内容，包括课程安排、教材选择和教师教案撰写，进而帮助学生掌握基础英语知识，并考虑到学科的特点和学生未来的就业方向。同时，应该高度重视英语教学的实际应用。

3. 对学习结果进行分析

学习结果分析是指分析学生对所学内容的掌握情况。有些人认为，学习成果可以分为四种类型，即知识、技能、态度和行为规范。在英语教学中，掌握知识和技能是重中之重，因此课堂教学应该着重于这两方面。而培养学生的态度和行为规范是英语教学管理的关键。

4. 对学习主体进行分析

学生是学习的主体，因此必须了解他们的背景、兴趣和学习方法。高校英语教育重点关注学生的基础知识和态度。通过分析学生的学习基础，可以更好地了解他们对英语的理解和自主学习能力，并将这些信息作为制定英语课程的基础和内容。通过对学生的学习态度进行分析，可以更好地了解他们对英语的兴趣、认识和职业方向。然而，这些方面往往被忽视。因此，需要给予学生充足的情感指导，激发他们的学习兴趣。

（二）教学设计环节及其方法

1. 教学目标设计

教学目标是一个复杂的过程，它涉及学科、学生和社会需求等多个方面。在许多大学中，英语教学的目标是让学生掌握基本的英语知识，并能够应用到实际工作中。为了满足社会的需求，教学目标是提高学生的英语口语能力。因此，课程设计应该包含对学生初级阶段的教学、课程安排和口语交流能力的培养。专业课程应该重点关注职业实践，加强对专业人才的全面培养。

2. 教学策略设计

在教学过程中，应该以教育理念为指导，并在开始之前就确定好教学目标和方法。教学策略的实施取决于教师的教学顺序和方法，学生的学习进度和效果，以及师生之间的互动方式。在这些因素的基础上，应该着重设计教学方法。在大学英语课堂上，应该充分利用多种技能教学方法，如直接法、交际法和沉浸式教学，提升学生的英语口语能力。总之，这种教学策略的设计应该充分考虑到教师的专业知识、独特的教学风格和学生的主动参与。

3. 教学媒体设计

英语教学中的主要挑战是如何在众多媒体中选择最适合的媒体进行教学。为了创造出有效的情境，采用适当的媒体是非常重要的。这样才能让学生更好地理解和掌握英语，并且能够更有效地应用所学知识。随着信息技术的飞速发展，许多功能完善的教学媒体设备应运而生，为教学媒体系统的设计提供了强有力的支持。在英语教学中，应该根据时间、地点等多种因素，精心挑选出最适合的媒体，以便更好地满足学生的学习需求。高校在运用教学媒体开展英语教育时，应该重视培养学生的交际能力、思维拓展、学习积极性及教学内容的扩展，并且在教学系统设计过程中，要重视学习经验信息的反馈，以及教师是否能够灵活运用教学媒体技术，以达到最佳的教学效果。通过使用媒体，我们希望能够提高教学效果。

4. 教学流程设计

在高校，英语教学的重点是通过示范和训练提高学生的技能。这种方法既实用又有效，能够帮助学生更好地理解和掌握知识。教学过程包括示范、操作和应用，旨在帮助学生更好地理解和掌握所学内容，并且符合教学系统设计的基本原则。通过这种方式可以促进个性化的教学。

（三）教学评价环节及其方法

为了提升教学质量，必须对教学系统进行评估。这包括分析课程的重点和难点，并考虑学生的学习基础、个体差异和原因。通过这些评估，我们可以确定教学目标是否适应当今社会对高校英语专业人才的需求。如果想要更好地推广使用新的教学方法，还需要进行小规模的测试验证设计是否可行、是否有效且合理。通过研究可行的教学策略，探究教学媒体如何帮助构建有效的英语教学情境，激发学生的情感认知，并设计出有效的教学过程，以达到预期的教学目标。通过定性和定量的评价标准，教学系统设计可以更好地反映学习者的学习效果和教学过程，并通过观察、教学评估和调查问卷等多种方式收集和分析相关信息，最终形成综合性的评价结果。

第三章　高校英语的主要教学模式

教学模式是通过对教学目标的分析和评估，以及采用不同的教学策略和手段，实现教学目标的过程。这些模式包括传统的教学模式、探究型教学模式、任务型教学模式和多模态教学模式。

第一节　教学模式现状分析

教学模式是一种具体的教学理论，它可以帮助教师更好地实现教学目标，并且可以根据不同的教学内容和实际情况选择最合适的模式。它既具有多样性，又易于操作，是教学实践的重要组成部分。

一、教育界对于教学模式定义的研究现状

（一）国外教育界相关研究综述

近年来，美国教学研究者布鲁斯·乔伊斯（Bruce Joyce）和玛莎·韦尔（Marsha Weil）出版的《教学模式》一书为我国教学模式研究带来了重要的启发，他们深入探讨了当前流行的各种教学模式，并且提出了一系列有效的改进建议，使教学模式成为当今教育研究的热门话题。然而，关于教学模式的定义，国内外学者的看法存在显著差异。

乔伊斯和韦尔是国外最具影响力的教学模式定义者，他们将教学模式定义为一种有效的课程设计、教学内容选择、教师指导及学习活动的系统性规划。事实上，教学模式不仅是一种计划，还是一种教学思想或理论，而“范型”或“计划”只是将这些理论简化为一种外在表现，而不是一种真正的教学模式。

美国一位比较政治学者在研究一般模式后，将其定义为模式是一种理论性的、简化的形式，它可以帮助我们更好地理解现实世界。他们的模式定义有三个要点：第一，模式是现实的再现，即模式是现实的抽象概括，来源于现实；第二，模式是理论性的形式，即模式是一种理论，而不是工艺性方法、方案或计划；第三，模式是一种可以帮助我们更好地理解现实世界的方法，而不是一种可以被改变的方式。模式是一种精心设计的理论形式，它以简洁明了的方式表达出来。这种模式定义更加科学地揭示了模式的本质，因此值得我们借鉴。

（二）国内学界相关研究综述

在国内学者看来，教学模式的定义有三种：第一种认为模式是方法的一种，它是多种方法的综合体；第二种认为模式与方法有着密切的联系，但也存在差异；第三种认为模式与“教学结构功能”范畴有着密切的关系，它是一种空间结构和时间序列，在不同的时间、地点和条件下表现出来的模式。教学模式是一种基于教育理念的主观选择，它反映了教师对教学内容的深刻理解和把握。

尽管上述教学模式定义可以反映出教学模式的本质，但它们仍然缺乏科学性。第一种定义与乔伊斯和韦尔的定义存在着相同的简单化缺陷，即它们忽略了教学模式的复杂性，而第二种定义更加强调了模式与方法之间的关联，但它们并不能完全代表教学模式的真正含义。第三种定义更加深入地揭示了教学模式的本质，即它的结构和功能，但它并不是一个完全科学的定义。

对于教学模式的定义，目前国内的研究表明，可以将其划分为五种：第一种是方法，它涉及多种教学手段，如传统的教学方法、课堂教学、实践性教学等；第二种是综合性的，它涉及多种教学手段的综合运用，如课堂教学、互动式教学等；第三种教学模式和“教学结构”范畴之间存在密切的联系，但也存在明显的差异，它们以不同的空间结构和时间序列呈现，以满足特定的需求；第四种教学模式旨在通过深入探索、精心构思、有效执行，构建一套更加稳健的、更具有针对性的教学流程，从而更好地满足学生的需求；第五种教学模式更加注重实践性，通过有效地设计与组织，将知识传授给学生，从而提升学习效果。总之，存在两种观点：一种观点认为，教学模式应该被视作一种教学流程，它可以分为“策略体系”和“教学样式”两种类型。其中比较典型的提法是“教学过程的模式，简称教学模式，它作为教学论里一个特定的科学概念，是指在一定教学思想指导下，为完成规定的教学目标和内容，对构成教学的诸要素所设计的比较稳定的简化组合方式及其活动程序。”学者们认为，教学模式是一种复杂的结构，它涉及教师、学生和教材三者之间的关系，从广义上讲，它是指事物之间的组织规律和形式。而从狭义上讲，它指的是教学过程中各个阶段、环节、步骤等要素之间的组合关系，它们之间的关系是相互联系的，并且可以通过不断地调整和优化实现。通常，人们在使用这一概念时，会从后者出发进行理解。结构说的典型提法是“把模式一词引用到教学理论中来，旨在说明一定教学思想或教学理论指导下建立的各种类型教学活动的基本结构或框架”。

第一种观点把教学模式和教学方法混淆了，但实际上它们各自具有独特的内涵，不能混为一谈。第二种和第三种观点都没有足够的科学依据来证明教学模式的本质，因此无法得出有效的结论。第四种用语不具有科学性，因为它没有清楚地指出教学模式是什么，也没有提供明确的定义。第五种用语会让人产生错误的认识，即教学论就是教学模式。美国人提出的教学模式存在严重的混淆，这种做法显然是不科学的。因此，在确定教学模式的概念时，应当结合逻辑学的原则，同时也要借鉴系统论等的新科学研究成果，深入探索古今中外教育史上的教学模式发展规律，汲取现代教学模式理论的精华，并结合实践经验，以便更加准确地给出一个适当的定义。

二、常见的教学模式应用现状

（一）传递－接受式的教学模式应用现状

德国教育家约翰·弗里德里希·赫尔巴特（Johann Friedrich Herbart）的四段教学法是一种具有深远影响的教学模式，但后来被苏联学者伊凡·安德烈耶维奇·凯洛夫等改造并引入中国。如今，这一教学模式已经在我国普及开来，许多教师都会不知不觉地采用它来提高教学质量。这种模式旨在通过传授系统知识和培养基本技能来提高学生的学习效率，并充分利用他们的记忆力、推理能力和间接经验帮助他们更快地掌握知识。它强调教师的指导作用，认为知识应该是一种双向的传递，并且非常重视教师的权威性。

行为主义心理学认为，通过反馈和强化的循环，学习者可以有效地控制自己的行为，从而达到预定的目标。斯金纳的操作性条件反射理论也为这一理论提供了重要的支持。

1. 形成的教学基本程序

传递－接受式教学模式的基本步骤是：复习旧课—激发学习兴趣—讲授新知识—巩固练习—检查评估—定期复习。复习旧课旨在加强记忆，深化理解，增强知识之间的联系，并将知识进行系统整理。通过设置有趣的情景和引入活动，激发学生的学习兴趣，是教学过程中最重要的一环。教师应该以讲授和指导为主，学生则要遵守纪律，跟随教师的节奏，按部就班地完成教师布置的任务，从而激发学习动机。通过课堂和家庭作业，学生可以巩固所学知识，并运用它们解决实际问题。定期复习则有助于加深对知识的理解，并对学习效果进行评估。

2. 教学原则及其效果

教师应该根据学生的知识水平和认知能力，对教学内容进行深入分析和整理，使其与学生的实际情况相符。教师应该发挥主导作用，在传授知识时要有良好的语言表达能力，并能够及时发现学生在学习过程中遇到的问题。

学生可以在短时间内接收大量信息，有助于培养他们的纪律性和抽象思维能力。然而，这也带来了一些问题，如学生很难真正理解所接收的信息，导致他们形成单一化和模式化的人格，不利于他们的创新思维和解决实际问题的能力培养。

使用讲解性内容教学可以帮助学生在短时间内掌握知识，但是不能一成不变地采用“满堂灌”的教学模式，这样会导致学生缺乏思考能力，进而培养出一大批没有思想和主见的学生。

（二）概念获得的教学模式应用现状

概念获得教学模式旨在帮助学生通过实践来掌握知识，并培养他们的思维能力。它基于布鲁纳、古德诺和奥斯汀的认知心理学理论，强调学习是一个认知结构的演变过程。他们认为，分类是一种将复杂的世界简化和系统化的方法，它可以帮助我们更好地理解它。布鲁纳指出，概念是基于观察而形成的，它们既可以是抽象的、有意义的，也可以是具体的。在构建概念的过程中，我们应该特别关注事物之间的相似性，而忽略它们之间的差异。在确定概念的时候，我们需要考虑名称、定义、属性、例子这五个要素及它们之间的关联。

1. 形成的教学基本程序

概念获得模式的步骤是：第一，教师选择和界定一个概念；第二，确定概念的属性；第三，准备肯定和否定的例子；第四，将学生引入概念化过程；第五，展示例子；接着，学生概括并定义；第六，提供更多的例子；第七，进一步研讨并形成正确概念；第八，概念的运用与拓展。

2. 教学原则及其效果

通过“归纳—演绎”的思维模式，学校教育的基本任务之一是帮助学生有效地理解概念，并通过实例帮助他们发现概念之间的共性，以及它们与其他概念的本质区别。学生在掌握概念之后，为了更好地理解概念，需要从内涵、外延、属、种、差别等方面进行深入的探究。为了更好地加深学生对概念的理解和把握概念的本质，可以将其与相关的、逻辑上的概念、相对应的概念等进行比较。学习的目的是将所学知识运用到实际生活中，通过实践可以检验学生对概念的理解程度，从而及时采取有效的补救措施。

通过学习概念获得模式，学生可以培养出归纳和演绎的能力，从而形成清晰的概念，并且培养出严谨的逻辑推理能力。在教授概念性较强的内容时，教师应该在课前对概念的内涵和外延进行全面的梳理，以便学生更好地掌握知识。

（三）范例教学模式应用现状

德国教育心理学家瓦根舍因（Martin Wagenschein）提出的范例教学模式是中学思想政治课教学中最基础的内容之一，它能够帮助学生更好地理解原理和规律性知识，并且能够从个别到一般、从具体到抽象的过程中获得更深刻的认知。通过分析一些典型案例，可以更好地理解原理和规律，并逐步提炼出来并进行归纳总结，最终实现迁移整合。

1. 形成的教学基本程序

通过范例教学，学生可以从个案中获取有关规律原理的知识，并将其运用到实践中去，从而更好地理解和掌握这些普遍性的规律及原理。范例教学的基本过程是首先从个案中挖掘出规律原理，其次将其应用到类案中，最后形成一种具有方法论意义的规律原理训练。通过范例性阐明，我们可以用典型的事实和现象说明事物的本质特征。这种方法可以帮助我们更好地理解事物的本质，并且可以通过类案更深入地探究它们之间的联系。通过范例性掌握规律原理，可以从大量的类案中提炼出有价值的结论，在总结归纳的过程中，要求学生准确地表达规律或原理，并且清楚地把握其名称。另外，学习规律原理的目的和意义是运用，因此教师应该让学生深入理解规律、原理的方法论意义。为了更好地了解学生对规律和原理的掌握情况，并获得反馈信息，训练学生运用这些知识是必不可少的。

2. 教学原则及其效果

通过范例教学，学生可以从个别人的经历中获取启发，将其归纳成类，然后从类中提炼出本质特征，最终深入理解规律与原理，从而培养学生的分析能力和原理意识。教学应该重点关注社会科学中的一些原理和规律，并通过具有代表性的范例激发学生的兴趣。

（四）自学辅导式的教学模式应用现状

自学辅导式的教学方法是通过在老师的指导下，让学生独立完成任务。这种方法能够帮助学生培养独立思考的能力，并且许多老师都在使用它。这种方法基于建构主义和人本主义的理念，重视培养学生的主动性，旨在提高学生的学习能力。通过这种教学模式，鼓励学生自主学习，并且给予学生个性化的指导。我们认可学生在学习过程中的尝试与失败，以培养他们独立思考和自主学习的能力。

1. 形成的教学基本程序

自学辅导式教学程序是一种有效的学习方式，它通过让学生自主学习、讨论、交流和总结帮助他们更好地理解新教学内容。教师会根据学生的学习情况，布置一些有关新教学内容的学习任务，让学生在完成任务后进行交流讨论，发现自己遇到的问题，并给予指导和启发，最终通过练习巩固所学知识。

2. 教学原则及其效果

通过自学，学生可以掌握一定的知识，但是教师也应该在教学过程中给予适当的指导和帮助，培养学生的分析问题、解决问题的能力，激发学生的自主性和创造性，并培养他们之间的合作精神。然而，如果学生对自学内容缺乏兴趣，他们可能在课堂上毫无收获。因此，教师需要敏锐地观察学生的学习情况，并在必要时采取措施激发学生的学习热情。为了更好地适应不同学生的需求，教师应该选择难度适中且学生感兴趣的内容进行自学。另外，教师还应具备高水平的组织能力和业务能力。教师应该尽量避免过多地讲解，而是要注重启发学生的思维。

（五）巴特勒的自主学习模式应用现状

20世纪70年代，美国教育心理学家托马斯·艾尔瓦·巴特勒（Thomas Alva Bartlett）提出了“七段”教学论，它将教学的七个要素有机地结合起来，并在国际上产生了深远的影响。

1. 形成的教学基本程序

教学过程包括创建情境、激发学习动机、组织教学、应用新知识、检测评估、巩固练习和拓展迁移。情境是指学习过程中的内部和外部环境，其中内部环境反映了学生的认知特点，而外部环境是由个体差异、元认知和环境因素组成。动机是学习新知识的最重要的驱动力，它包括情绪体验、注意力集中、区分能力和意图。组织是将新知识与旧知识联系起来，它包括相互联系、联想、构思和建立模型。应用是一种尝试性的学习，它包括参与、实践、体验和结果。评价是一种对学习成果的反馈，它包括提示、比较、给出价值、选择等。重复是一种练习和巩固的过程，它包括加强、练习、形成习惯、遵循常规、记忆和遗忘等多个方面。拓展意味着将新的知识应用于现实世界，这包括扩展、转移、整合和综合。

2. 教学原则及其效果

巴特勒认为，通过信息加工理论，元认知的调节是非常重要的。他建议使用学习策略处理学习任务，并最终生成学习结果。在使用这种方法时，教师应该经常提醒学生反思自己的学习行为。教师需要综合考虑各种步骤的组成要素，并根据实际情况进行重点调整。这种教学模式适用于各种教学内容，可以根据需要灵活运用，以达到理想的教学效果。这种教学模式需要一位具有深厚教育学和心理学知识的研究型教师，他们应该熟悉元认知策略，并能够灵活运用这些知识指导学生。

（六）发现式的教学模式应用现状

作为一种严格意义上的教学模式，发现式教学模式是美国著名心理学家布鲁纳于20世纪50年代首先倡导的。发现式学习是以培养学生探索知识、发现知识为主要目标的教学模式。由于布鲁纳的倡导使得发现式教学模式引起了从事教育工作的人们的高度关注和重视。发现式教学模式的主要理论依据是认知建构主义学派的建构原理与顿悟学说，这种模式最根本的特点是让学生像科学家一样通过发现体验知识产生的整个过程。

1. 形成的教学基本程序

发现式教学模式的基本教学程序是提出要求—做出假设—创设情景—指导帮助—检验假设—作出结论。提出要求是为了使学生明确发现目的，运用发现式教学首先需要给出“发现”的明确任务和目标。做出假设是为了使学生明确思考方向。创设情景是为了使学生发现所面临的矛盾，激起学生求知探索的动力。在提出要求，作出假设后，需要进一步设置情景，激发学生对“矛盾”的认识。其次，指导学生根据案例整理资料、罗列证据、发现结论、归纳总结。最后，将发现的结论与事实材料结合，帮助学生加深理解。发现式学习的最终目标是帮助学生将发现获得的知识应用于实际，这个环节是发现教学法的升华，也是一个后续的要求。

2. 教学原则及其效果

发现式教学作为一种教学模式，无论是教学过程，还是教学目标，更多关注的是学生的学，这种意义上的“发现学习”是以学生的自主探索、合作学习为主要特征。在学习过程中，学生基于原有的认知基础，其元认知、动机、行为都被调动起来，使学生积极有效地参与，学习能力得到提高。

这种教学模式旨在培养学生的探究精神，让他们从已有的知识和经验中提炼出新的概念，发现事物发展变化的规律，并培养他们的科学思维能力和创新精神，以及掌握科学研究的方法。通过发现，可以激发学生的内在动机，唤醒他们对知识的热情，并帮助他们掌握解决问题的技能。但是，这一教学模式的局限性是在实施的过程中比较费时费力，需要较多教学时间，课堂教学进程会受影响。另外，还有其他客观条件限制等原因，使发现式教学的适应面较窄。

在使用发现式教学法时，要特别注意创设问题情景，使其生活化、趣味化、创意化，激发学生想象力与探求欲。同时，利用小组合作学习，营造良好的互动氛围，同时提高课堂教学效率。另外，还要关注探究过程中创造性思考、态度、技能的评价，调动人人参与是有效教学的本质要求。为此，教师要准备充分适当的教育教学资源，充分适用多媒体辅助教学，增强直观性，恰当地引导和组织学生进行有效探究，有利于探究活动的开展。

（七）合作式的教学模式应用现状

20 世纪 70 年代初，美国开始推行合作式学习，这种教学理念和策略在 70 年代中期到80年代中期取得了巨大的发展，不仅改善了课堂的社会心理氛围，而且还大幅提升了学生的学业成绩，促进了他们形成良好的非认知品质，因此迅速受到世界各国的关注，并成为当今教育界最受欢迎的教学改革之一，也是教育界近十几年来最具影响力的教学模式。

合作式教学模式主要基于社会建构主义学习理论的一个分支——目标结构理论。目标结构理论是美国社会心理学家莫顿·多伊奇（Morton Deutsch）1949年在另一位社会心理学家库尔特·勒温（Kurt Lewin）的群体动力学理论的基础上，从目标结构角度提出的关于合作与竞争的理论。多伊奇认为，在团体中社会活动的目标结构主要有三种类型，分别是合作型、竞争型和个体化型，即相应的通过相互促进、对抗和独立的方式，个体的心理过程和行为方式会发生显著的变化，这些变化可能会影响到个体的未来发展。依赖是个体间互动的重要因素，正向的依赖可以促进积极的互动，而负向的依赖会导致消极的互动。在团体中，由于奖励机制的不同，个体之间的互动方式也会有所差异，而在无依赖的情况下，就没有互动产生。多伊奇在实验研究的基础上发现，合作小组更有利于实现积极合作、行动分工、关注同伴的表现，小组作品和讨论的品质也较高，而竞争小组的表现并未增加学习的投入和兴趣。

从这些研究结果中他得出以下结论：良好表现和组织生产力，是源自合作的互动关系，合作比竞争能产生更多的人际互动。为了某种外在的目标而采取竞争时，团体的和谐和效率会被中断。合作学习强调了合作的重要性，但也不能忽视竞争和个人活动的价值，它们被纳入教学过程，使得它们相互补充，互相促进，共同推动学习的发展。多伊奇的合作与竞争理论丰富了后来的合作学习研究的内容。

1. 形成的教学基本程序

合作式教学模式以多种不同的形式进行，合作式学习方法也有很多种，没有一种统一或规定的程序。学生可以在一起讨论问题、一起解决问题、一起寻找问题方案等。在我国，合作学习的基本流程可以概括为合作设计—目标呈现—集体讲授—小组合作活动—测验—反馈补救。教师的授课是合作学习策略中不可或缺的一部分，但是课堂讲授应以合作设计为基础，力求简洁明了，时间短且效率高，能够为接下来的小组活动留出充足的时间。通过小组合作学习，学生可以在教师的指导下进行自主学习，并通过操作、实验等活动提高自己的能力。这种方式不仅能够帮助学生更好地理解知识，还能培养他们的团队合作精神。教学过程中，学生应该主动参与，而教师只是提供指导和引导，使学生成为教学的核心。

2. 教学原则及其效果

通过合作学习，学生可以主动参与并发展，而教师需要提供外部激励和培养。合作学习强调学生的主体地位，但也要求教师以自身的主导作用为基础，激发学生的认知、情感和动机，营造一个充满民主、和谐、愉悦和思维智慧的学习氛围，让师生共同参与、共同成长，从而最大限度地发挥学生的主体性，促进他们的主动参与和发展。合作学习需要教师以学生为中心，全面考虑学习过程，设计出能够让学生全程参与的课程和内容，让他们能够自主学习，真正成为学习的主人。

通过多种形式的小组活动，如观察、操作、实验和语言交流，学生不仅能够学习到相关的知识和技能，还能培养出良好的人际交往能力、合作精神和竞争意识，激发他们的自主学习和探索精神，提升他们的综合素质。但是，合作学习有其适用的条件，它并非适用于所有的学科和所有的学习任务，这就需要教师在设计合作学习的任务时进行甄别和选择。另外，这一教学模式在实施的过程中比较费时费力，需要较多教学时间，课堂教学进程有可能会受影响。

在教学中，并非所有的教学内容都适合于合作交流，教师要选择探索性较强的、较为开放的问题进行合作学习。首先，在实施合作学习之前，教师必须向学生讲明需要掌握的知识和技能，也就是合作学习的目标要明确。同时，教师事先必须对每个学生的能力有一个正确的估计，保证每一个成员在合作学习的过程中都能够承担自己力所能及的任务。其次，教师应该确保每个小组都能够通过互相合作完成学习任务，让学生感受到在这个团队中每个人都是不可或缺的一部分。最后，教师还应该对在合作学习中获得成功的小组和成员进行认可表彰，给予正面的反馈意见。

在实际教学中使用的教学模式的种类数目众多。由于篇幅所限，我们在这里只选择了其中一些具有代表性的教学模式进行介绍。教学模式是一种以教学理论为基础，结合实际情况，通过归纳总结出的教学方法、步骤、手段等，具有典型性、稳定性和可操作性。它涵盖了课程设计、教学原则、师生互动、教学过程等，旨在帮助学生更好地掌握知识，培养学生的创新能力，提高学习效果。我们应当意识到，一种教育模式可以包含多种教学方法，但它们并非是一成不变的固定模式，而是一个具有弹性和可持续性的框架，因此，在教学过程中，应当根据实际情况灵活运用各种教学手段。

第二节　探究式教学模式

20 世纪 80 年代，随着“问题学习法”和“探究学习”的出现，探究学习的理念在全球范围内得到了普遍认可，这一理念源于美国教育家约翰·杜威（John Dewey）在 1933 年提出的“问题学习法”，并在 1961 年由美国著名课程理论家约瑟夫·施瓦布（Josehu J. schwab）提出。随着探究性学习的普及，它已成为全球教育改革的一个重要特征。不仅是探究性学习，而且它也成了课程内容的基本要求，被广泛应用于各个国家的教育体系中。探究式教学以解决问题为中心，注重学生的独立活动，着眼于学生的思维能力的培养。

一、探究式教学的内涵、特征与意义

（一）探究式教学的内涵

探究式教学，也称发现法或研究法，是一种以学生为中心的学习方式，通过阅读、观察、实验、思考、讨论、听讲等多种途径，让学生自主探索，发现概念和原理，并运用所学知识去解决问题，从而获得更深入的理解和掌握知识的一种有效方法。在教师的指导下，以学生为中心，鼓励他们自主探索，掌握解决问题的方法和步骤，深入研究客观事物的特性，发现其发展的原因和内在联系，从中提炼出规律，形成自己的理论体系。通过探究式教学，学生的主体地位和自主能力得到了显著提升。这种教学方式以探究为核心，其内涵涵盖了两个层面：第一层是探究性学习；第二层是探究式学习。

随着当今国际科学教育改革的不断深入，探究（inquiry）已成为最受欢迎的关键词之一。英文 inquiry 源自拉丁文的“in”或“inward”，它指的是在……之中进行质询和寻找的过程。《牛津高阶英语词典》将探究定义为一种寻求知识、信息、真理及解决问题的活动，它包括搜寻、研究、调查、检验、提问和质疑等。

探究的本意是探索、探讨、追溯、深入挖掘，以期获得更深层次的认识。探究式学习是一种以实践为基础的学习方式，它以实际案例为基础，通过探究、实践、反思等活动，深入理解科学知识，并将其运用到实践中去。美国国家研究理事会提出，学习科学性问题的活动包括：第一，提出问题，是指学习者需要围绕这些问题进行探究；第二，收集数据，是指学习者需要获取有助于解释和评价这些问题的证据；第三，形成解释，是指学习者需要根据事实证据来形成解释，并对这些解释作出回答；第四，评价结果，是指学习者需要通过比较其他可能的解释，使解释与科学知识相联系；第五，表达结果，是指学习者需要阐述、论证和交流他们提出的解释。

以探究为基础的学习或者教学，是指学生通过自主参与获得知识的一种积极的学习过程，是让学生自己思考怎么做及做什么，而不是接受教师思考好的现成的结论。因此，探究式学习既是一种学习方式，也是教育教学的目标之一。

探究式教学是一种以实践为基础的教学方法，它鼓励学生从不同角度深入探究学习内容，并通过多种研究方法寻求答案和解决问题。这种方法有助于提高学生的学习效率，促进教学的发展。通过探究教学，学生可以以自主、主动的方式掌握知识，培养能力，学习科学方法，形成科学态度和精神。因此，探究教学的实质是通过提出科学结论和检验科学结论的方式，让学生理解所提出的观念和实验，并将这些资料转化为科学知识，从而更好地理解科学知识。

（二）探究式教学的特征

研究表明，学习不是一蹴而就的，而是需要从学生已有的经验和知识中汲取精华，以激发他们的学习积极性和主观能动性。因此，教师应该以学生的实际情况为基础，结合认知理论达到最佳的教学效果。

探究教学旨在培养学生的科学探究能力，它不仅是让学生通过演示实验或学生实验来验证结论，还是让他们通过观察、调查、制作、收集资料等多种活动，亲身体验知识的获取过程，从而建立起对新事物的新认识，并培养出良好的科学探究能力。通过多样化的活动情境，学生可以从不同角度深入理解知识，建立起知识之间的联系，从而更加有效地运用所学知识解决实际问题，提升学习效率。只有通过积极主动的学习方式，才能真正激发学生的学习热情，并让他们获得更多的知识和技能。

在教学中强调过程和结果的重要性。一方面，要求学生在老师的指导下，主动探究事物和现象，通过探究过程来理解知识的内在联系，从而达到灵活掌握和运用知识的目的；另一方面，也需要教师将知识与科学方法有机结合，让学生在掌握知识的基础上，通过观察、调查、假设、实验等多种形式的探究活动，收集信息和分析信息，从而获得自己的探究结果或制作出自己的作品，以提高学生的创新能力和实践能力。通过培养学生的科学精神和态度提升他们的能力。

探究教学强调将学习成果转化为实际应用，以培养学生的实践能力。它不仅能够帮助学生综合运用所学知识，而且能够跨越学科界限，解决复杂、综合性的问题，使学生更加接近实际生活和社会，进而更好地掌握知识，并能够有效地运用它们解决实际问题。

探究教学的评价应该更加注重形成性评价和学生的自我评价，以此衡量学生的学习情况，其包括是否掌握了基本的概念，是否能够灵活地运用知识解决问题，是否能够提出有效的问题，是否能够制订有效的探究计划，是否能够准确地分析和处理收集到的数据和证据，以及是否能够准确地判断出证据是支持还是反对自己的假设。仅凭终极评估很难达到预期的目标。探究式教学不仅强调终结性评估，更加注重对学生的形成性评估，如每日的笔记、撰写的报告、绘制的图表、与学生的面对面交流、学生就某个问题的解释等，从而更好地了解学生的学习情况，以及他们的科学推理能力。评估学生的学习表现是探究教学的重要组成部分。其包括使用的方法、解释的准确性、对知识的理解程度等，通过定期评估学生的学习情况，可以帮助他们更好地掌握知识，并有助于实现学习目标。

探究式教学法强调师生互动，以学生为中心，鼓励他们自主探究，积极参与各种活动，从而获得知识。然而，学生的自主探究与教师的指导并非完全对立，而是相辅相成的关系，教师是在尊重学生选择的基础上进行指导，学生是在教师的指导下进行自主探究，从而实现学习的有效性和深度。

（三）探究式教学的意义

探究式教学是一种更加灵活的教学方式，它不仅可以满足改革者的心理需求，而且可以帮助学生更好地掌握知识，激发他们的创造力，培养他们的实践能力，从而使他们在未来的学习中获得更多的成就感。目前，我国教学改革的宗旨主要有三点：第一，打破传统的教学模式，让学生在探索中获得更多的知识；第二，坚持以人为本的理念，让学生在学习中得到最大的发展；第三，根据教材提供的基础知识，让学生在实践中成长。如果我们能够坚持不懈地探索新的教学模式和方法，那么改革就会取得显著的成果。实践证明，探究式教学是一种极具吸引力的教育模式，它可以满足教育改革者的多样化需求。

探究式教学能够为班级教学注入新鲜血液，提高效率。在科技发达的今天，班级授课的优势更为突出，而在远程教育和网络教育兴起的今天，探究式教学的缺点更为明显。因为它会抑制学生的个性，无法根据学生的特点进行教学。采用探究式教学，一方面要尽可能减少教师的讲授，另一方面要满足学生自主发展的需求；另外，还要让学生在“活动”中学习，在“主动”中发展，在“合作”中增知，在“探究”中创新，以实现最佳的学习效果。

通过探究式教学，“自我中心”可以得到有效的解决，而“自我发展”需要教师的积极参与。然而，课堂教学改革的困境，很大程度上源于教师的“自我中心”观念的僵化及长期以来的懒惰态度。现代教育理念的挑战在于如何改变传统的教育方法。为了实现这一目标，教师需要不断地学习、总结、借鉴他人的经验，并且要从学生身上获取启发。通过探究式教学，教师的角色将发生重大的变化，从“台前”的教师转变为“幕后”的教师，并最终成为“导演”的教师。安排好适当的场景，引发学生的学习动机，使学生从观众变成实际的参与者。

二、探究式教学模式与高校英语学科的结合

（一）探究式教学模式在高校英语学科中应用的可行性

探究式教学模式在高校英语课中的应用是一种时代发展的体现，它不仅有助于提升学生的学习兴趣，还能够促进课堂氛围的营造，培养学生的主体性和创新意识。

1. 激发学生学习兴趣

高校英语课程的知识体系非常复杂，学生在接受知识时容易出现偏差和吸收能力差等问题。另外，由于缺乏实际语境，高校英语教师很难及时转变教学角色，仍然采用传统的灌输式教学模式，教师通常扮演主导者的角色，学生参与互动性较低，导致一些高校英语课程难以顺利进行，学生对知识的掌握程度也不够理想。

探究式教学模式让学生在高校英语课堂上发挥主导作用，教师扮演引导者的角色，让学生在学习的同时也能思考。这种方式改变了传统的教师主导模式，使教师与学生之间形成多元互动，从单向灌输知识转变为双向互动。教师应该以实事求是的态度，结合学生的知识背景和能力水平，确定课程主题，让学生在自己感兴趣的领域进行探究，通过独立收集资料、小组合作学习、实践调查、总结思考，最终得出结论。通过这个过程，学生可以从兴趣出发，提高理论应用能力，激发内在积极性和探究精神。

2. 使学生形成问题意识

在高校英语探究式教学模式中，教师不再是传授知识的人，而是创造问题情境的人。学生成为主导者，在学习过程中自己发现问题，提出问题，并通过小组合作解决问题。通过这一过程，学生们发现了问题，并且解决了这些问题，这样他们就能够充分发挥主体能动性，不仅加深了对知识的理解，还培养了问题思维能力。例如，在讲授高校英语中的 Teaching Vocabulary 这一章节时，教师可以通过课前布置的问题让学生预习，并提出自己的疑惑，这样可以帮助学生更好地理解课程内容，并提高他们的学习效率。在课堂上，教师会根据学生的提问和解释拓展他们对单词的理解，从而使他们能够更好地理解书本中的知识。通过将书本中的单词与现实生活联系起来，教师可以创造情景，提出问题，让学生在实际生活中感受英语单词的真实含义，并通过实地调查研究来获取知识和验证理论，从而巩固所学知识。教师在这一过程中，不仅要提出多种问题，而且要积极回答学生的疑惑，引导他们关注实际问题，培养他们的调查实践能力，从而激发他们发现问题的兴趣，激发他们进行科研探究的热情，这对于学生的发展具有重要的意义。

3. 培养学生的合作能力

多伊奇提出了一种新的概念目标结构理论，它建立在勒温的群体动力学理论的基础上，指出团体中，每个成员都有自己独特的奖励机制，从而促使他们在实现自身目标时，采取不同的行动。多伊奇认为，相互促进、对抗和独立这三种不同的学习方式可以对个体的心理和行为产生重要的影响。与传统教学模式相比，探究式教学模式更加重视学生的自主学习能力和合作探究能力，而不只是期末考试的成绩。探究式教学是以学生独立自主学习和合作讨论为前提，让学生通过个人、小组、集体等多种解难释疑尝试活动，将自己所学知识应用于解决实际问题的一种教学形式。

通过探究式模式的教学，学生可以更好地适应社会的发展，并培养出满足社会需求的人才。“合作学习的交往比竞争的交往更为重要”，这一理念的引入标志着一次重大的教学变革，它不仅满足了当今时代的需求，而且也为现代教学系统的未来发展指明了方向，为教学理论研究开辟出一片崭新的天地。

（二）探究式教学模式的实践要素

探究式教学模式与传统教学观念大相径庭，它强调教学过程中教师和学生之间的互动，以学生为核心，教师要发挥主导作用，学生则要参与到学习过程中，从而实现教学的有效性。

1. 教师的身份认同

教师不仅仅是传授知识的传授者，他们还要引导学生思考，传授知识，组织讨论，并在与学生的互动中提供答疑服务。他们需要不断学习，从学生那里获取新的知识，并能及时进行反馈和更新。教师具有双重身份，能够更好地从学生的角度出发，发现问题并寻求解决方案。

因此，探究式教学对教师的专业能力提出了更高的要求。在这种教学方法中，教师的专业能力是至关重要的，他们需要不断改进教学理念，深入理解课程内容，准确把握学生的需求，并能够有效地设计情境模型，控制教学过程。这需要他们具备系统的知识储备和敏锐的洞察力。探究式教学旨在帮助学生发现自身的知识和技能，因此，教师需要清楚地认识到自身的角色，并采取科学、客观的方法，以实现教学目标。

2. 学生的自我认识

探究式教学对学生的影响非常大，它能帮助学生更深入地理解知识。在这种教学方式中，学生会独立思考并分析课文内容、句式和语法，并通过自己的语言表达收集和整理信息，从而提高自学能力。这不仅能锻炼学生的英语口语能力，还能提高他们的学习效率。随着时间的推移，学生的听、说、读、写能力将得到显著提升，大学英语四级和六级英语考试成绩也会有所改善。另外，探究式学习是一种有效的学习方式，它能够提高学生的学习兴趣，并且对他们的学习行为产生积极影响。根据问卷调查，结果表明大多数学生都喜欢这种学习方式，并认为它能够显著提高他们的英语水平。因此，应该建立一个科学的考核和评价体系，以引导探究式教学，使其能够更有效地发挥作用。

（三）高校英语课堂探究式教学模式的应用环节

实施探究式教学模式需要教师创建有利于学生学习的环境，并且要注重培养学生的探究精神。教师应该在学生完成探究任务后，及时给予肯定和评估，帮助学生更好地理解课堂内容，并最终达到预期的学习目标。在探究式教学模式中，教师扮演着重要的角色，他们不仅要创建有利的学习环境，还要提供有效的指导，并对学习成果进行有效的评估。学生是学习的主体，他们可以通过自主学习或小组合作的方式，深入思考，并运用自己的知识实现学习目标。采用探究式教学模式在大学英语课堂上的实施，可以通过以下步骤完成。

1. 提出探究主题和创设探究情景

问题思维理论提出，创新是思维的核心，而探究式教学是以问题情境为基础，旨在帮助学生更好地理解知识，并从中发现规律。通过这种方式，学生可以更加深刻地体会到所学知识，并从中获得更多的启发。为了更好地满足高校英语课程的教学目标和内容，教师应该根据学生的学习能力和个性特点，设计出适合他们的、逻辑清晰的主题，以便激发他们的问题意识和创新思维。

高校英语教师应该积极参与课程的探究，不断吸取学生的意见，并结合其他教师的建议，共同设计出有趣的主题和情景，以便满足课程教学的目标和要求。

2. 启发学生通过自主探究、分组合作的形式实现教学目标

在探究式教学模式下，教师应该鼓励学生通过分组合作的方式，在确定探究主题后，充分尊重学生的独特性和能力差异，让他们自由参与到调查研究的过程中，而不是强制他们使用统一的探究形式和探究方法。这样，学生才能更好地理解和掌握探究式学习的方法，并有效地实现自身的潜能。这个过程可以通过个人独立完成，也可以通过小组合作来实现。在探究式教学模式下，学生需要通过查阅、探讨和实践，独立确定解决问题的步骤、程序和方法，而教师要及时给予指导和帮助，以便培养学生的自主学习能力、协作能力和团队精神，使他们能够更好地完成探究任务。

3. 合理利用网络环境交流讨论探究结果

随着科技的进步，多媒体技术已经成为教学过程中不可或缺的一部分。特别

是在高校英语课程中，通过使用多媒体和互联网等工具，教师可以更好地帮助学生进行听、说、读、写能力的培养。这些技术可以帮助教师更好地引导学生进行自主学习。通过将网络技术应用于探究式教学模式，学生可以通过网络与同学进行交流，并在讨论过程中及时解决问题。教师也可以在这一过程中提供帮助，为学生创造一个良好的交流学习氛围。通过交流学习，学生不仅能够更好地传递自己的想法，还能提高英语表达能力和合作交流能力。另外，通过网络环境，学生可以在交流中分享讨论结果，以便及时评估学习成果。

4. 引导学生进行成果展示并评价总结探究活动

教学评价是一种重要的方法，旨在通过对教师、学生、教学目标、内容和方法等进行评估、衡量教学活动的整体效果。它不仅可以帮助我们了解教学情况，还可以帮助我们判断教学质量，并采取措施提高教学效果。评价是探究式教学的重要组成部分，在学生完成学习任务后，教师应及时进行总结和评估。在评估过程中，教师不应局限于一种方法，而应采用多种方法，设定多样化的评估标准，以评估学生自主探究的过程和成果。对于表现出色的学生，教师应该给予肯定和赞赏，鼓励他们在今后的学习中继续努力，培养他们的探究、创新和合作精神，帮助他们发现问题、解决问题，并展开自主学习。对于表现不佳的学生，教师也应该给予鼓励、赞扬他们的优秀表现，并鼓励他们下次继续努力，以免打击他们的积极性。探究式教学模式应该重视过程、参与和效果，以便让学生意识到只有通过主动参与并解决问题，才能体现出这门课的价值。因此，评估方式应该注重这些方面的结合，以便更好地反映学生的学习效果。

第三节　任务型教学模式

本节通过叙述任务型教学模式的含义、特点、主要内容和设计任务的原则，分析在任务型教学模式下对高校学生自主学习能力培养的可实施性和必要性，从而强调英语的学习过程是终身的、自主的习得过程，是引导学习者主动学习、积极实践、提高自身实际运用语言能力的过程。最终能达到培养具有创新精神与实践能力的高素质技能人才的教学目的。

一、任务型教学模式的理论体系

（一）任务型教学模式的内涵

任务型教学是一种重要的语言教学模式，它源于当前交际学的发展。在20世纪80年代，英语教学助理研究者通过大量研究和实践，提出了这种模式。这种模式将语言运用的基本理念转化为实际应用，为学生提供了一种有效的学习方式。在“意义至上、使用至上”的教学模式下，学生通过感知、体验、实践、参与和合作等方式，以及完成任务，获得成功感受，这种以人为本的教学方式，以应用为动力，以达成目标为核心，要求学生以有目的的交际活动为目标，在教师的指导下，实现任务的目标。

“任务”和“真实任务”是任务型教学模式中的两个重要组成部分。“教学任务”侧重于学生在课堂上的学习活动，“任务”更加强调学生在日常生活中的实践活动，“潜势”更加注重学生在交际中的运用语言，以便达到独立的交际目的。

（二）任务型教学模式的特点

一些国外学者认为，任务型教学模式是交际法的一种新的发展形式，它不仅是交际法的替代品，还是一种更加全面的教学方式。它强调学生通过完成真实生活中的任务培养他们的英语交流能力，同时也注重培养学生的综合运用能力；任务型教学注重以实际任务为中心，旨在提高学习者的语言能力。它通过改进传统的功能性教学方法提升学习者的学习效果。这种教学方法强调学习者在实际工作中的应用能力，并且注重培养学生的语言技能。

二、任务型教学模式的可实施性分析

（一）教学内容的设定

在英语教学中首先要设定任务的目标，即通过让学习者完成特定任务，希望能够帮助他们提高自信心，解决交流问题，并培养写作技巧。另外，还希望学习的内容能够与现实生活相关，让他们能够在真实的情境中感受语言，而不只局限于教材。为了更好地提升教学效果，需要根据教学材料设计多种多样的教学活动。

这些活动应该从简单到复杂，从容易到困难，互相联系，逐步深入。可以采用一种从初级到高级的循环，每一步都包含一个“任务链”，以便让教学更有层次感。

通过任务型教学模式，可以根据学生的英语水平设计不同的任务活动。这种教学方式强调学生的主导地位，鼓励学生与其他学习伙伴合作，共同完成任务。这种学习方式注重反思、启发和自我检视，有助于激发学生的学习积极性和主动性，培养他们的解决问题能力，并促进他们的认知策略的发展。通过培养学生的合作能力和参与意识，让他们在完成任务时体会到成功的喜悦，从而获得更大的成就感，实现自身的价值。

（二）任务设计的原则

首先，任务的设定要具有真实性和功能性。在“真实”任务设定中，教师应该以真实的生活为输入材料，而不只局限于课堂教材。为了让学生能够更好地理解“真实”，教师应该创造一个新的语言环境，并以学生在该任务中所学到的知识点为基础，提出一个交际问题，以真实的事件或情境作为动力，让学生在完成任务的过程中，运用刚学过的语言知识解决交际问题，从而提高学生的交际能力。通过运用已有的语言知识、策略和技能，学生可以探究如何有效地使用英语。学习者学习英语时，许多人会发现自己的语言表达与实际情境不符，甚至无法正确地表达意义和功能。为了帮助这些学生理解语言的真实性，在设计任务时应该注重语言形式和功能之间的关系，让他们在完成任务的过程中感受到语言与实际情境的联系。

其次，任务的设定要具有连贯性。学术界普遍认可“任务依属原则”，也就是说，课堂上的任务应该按照“任务链”或“任务系列”的模式进行，每个任务都要从前一个任务中获得启示，并且与其他任务保持一致，因此，一节课就能够实现多个任务，并且能够达到共同的教学目标。通过一系列有序的任务，可以建立一个有效的教学体系，帮助学生逐步实现他们所设定的学习目标。

最后，教学任务的设定要具有实用性、可操作性和趣味性。在英语课程中，不仅要注重打好语言基础，还应该重视培养学生的实际使用语言能力，特别是在处理日常和涉外业务活动时。因此，在设计任务时，应该避免为了任务而设计任务，而是根据学生的专业特点和他们未来的就业方向设计教学任务。应该尽可能为学生提供互动和交流的机会，并利用有限的时间和空间帮助他们实现这些目标。通过这种方式，可以达到预期的教学目标。在英语教学中，任务型教学法是一种有效的方法，它可以帮助学生更好地理解课程内容，并且能够更有效地利用课堂时间。为了避免任务过多和程序过于复杂，应该尽量减少环节，并为学生提供更多的履行任务或操作模式。通过这种方法，可以激发学生的学习动机，让他们主动参与学习。因此，应该尽量避免重复的机械任务，而是采用多样化的、富有趣味性的课堂教学方式。

（三）任务型教学的意义

1. 培养学生的独立学习能力和创新精神

通过任务型教学，可以帮助学生培养独立思考的能力，并让他们学会如何合理安排时间，采取有效的策略和恰当的表达方式，以便更高效地完成任务。在这个过程中，老师只是提供一些辅助性的帮助，帮助学生制定明确的学习目标，并设计具体的学习任务。另外，学生还需要具备敏锐的思维能力、灵活的解决问题能力和创新思维能力。通过任务型教学，我们可以培养学生的独立思考能力，并帮助他们养成终身学习的习惯。

2. 培养学生的语言表达能力

传统的教学方式往往会让许多学生感到压抑，导致他们在口语表达方面表现不佳。经过多年的学习，他们也只能读写英语，无法进行实际交流。相比之下，任务型教学可以为学生提供更多的实践机会，让他们能够更好地表达自己的想法和观点，并增强他们的自信心。当今社会需要更多具有英语能力的人才，因此学生应该多使用英语表达自己的想法，以便提高他们的听说能力。任务型教学能够帮助学生提高语言表达能力，并让他们感受到学习英语的乐趣，从而更积极地学习。

3. 促进学生英语综合能力的发展

当今社会需要更多具有复合能力的人才，因此学生不仅要掌握“英语 + 专业知识”的理论知识，还应该将其应用到实际生活中。英语学习包括听、说、读、写四个方面，教师应该重视培养学生的听说能力，而不是仅仅为了提高成绩而忽视这一点。应该通过任务驱动的英语课堂教学适应新时代的人才培养需求。通过任务型教学活动，希望能够帮助学生提高综合语言运用能力，并培养他们积极的情感态度和自主学习能力。将通过体验和互动交流等方式，让学生在学习过程中获得更多的乐趣和成就感。

4. 符合学生的身心发展规律

教师应当根据学生的身心发展规律，采用任务型教学方式，以满足学生的学习需求，使他们能够更好地掌握知识，并且能够更好地适应学习内容。此外，任务型教学还强调以学生为中心，注重培养学生的创新能力，以及培养学生的实践能力，从而达到当今素质教育的要求。

三、高校英语任务型教学模式产生的问题

在英语课堂上，任务型教学将语言基础知识转化为实际应用。通过设计符合学生经验的活动，学生可以在完成任务的同时，达到语言学习的目标。这种方法既能够提高学生的学习效果，又能让他们更好地理解语言。然而，在院校的教学实践中，英语教师经常会遇到各种突发情况，具体情况如下。

（一）班级体制问题

目前，许多国内高校采用大班授课形式，一个班级人数通常达到 80 人，甚至有些班级可能达到 100 人。由于人数众多，英语课堂管理变得困难，实际教学机会也相对较少。大班授课模式虽然可以让学生更容易地掌握英语，但是由于人数众多，很难细致地关注每一个学生，导致学习效率低下。因此，在人数有限的情况下，如何更好地实现多维互动，让学生积极参与到学习中，成为英语课程教育的重中之重。

（二）教师认识问题

在师生关系中，学生是信息交流的主体，他们的主要任务是学习和交流。为了让学生能够积极参与课堂活动，教师应该积极组织和指导他们，甚至可以成为他们的伙伴。然而，由于教师自身的素质和能力有限，在实际教学过程中，对于任务型教学的理解存在许多偏差和误区。一些教师认为，任务型教育只需要激发学生的主动性和积极性就可以了，因此在课堂上布置任务时，他们会偏离教材内

容，让学生更感兴趣的理论知识来参与。这种做法显然是不合理的，因为它不能真正帮助学生理解课程内容。

实际上，许多高校英语教材都已经考虑了学生的兴趣爱好，并且设计了适当的知识结构，使内容更加清晰。然而，英语教师对教材的理解仍然不够深入，他们只注重课堂氛围，这也表明他们对任务型教学的理解不够深刻。在整体的英语课堂教育中，有些教师经常会把教育活动局限在表面，缺乏科学的划分和管理。这会导致学生感到无力，只为完成任务而学习，只为演出而学习，“放得开”却“收不住”。尽管课堂气氛热烈，但实际上却是一片混乱，毫无秩序可言，效果甚微。

（三）学生素质问题

在高校英语任务型教学中，通常采用两人结对或小组活动的形式。然而，在分组过程中，学生们往往会把自己关系良好的同学当作合作伙伴，但这种做法忽略了团队合作的重要性。在任务分配中，由于内向的学生缺乏主动性，他们很少敢于挑战自己，而那些喜欢独立的学生也很少参与其中。这种情况导致小组长的任务过多，任务分配不协调，很少有学生能真正体会到任务型英语教学的氛围。

除了这种情况，还有一些学生不理解教师的分配任务，他们认为教师只是把课程任务交给他们完成，导致他们会排斥任务型教学。这类学生更喜欢传统的教学方式，而不是任务型教学。总之，素质教育的不同会使基础较好的学生取得更大的进步，而基础较差的学生会面临更大的挑战。

四、高校英语任务型教学模式的应用建议

（一）拓宽高校学生英语学习范围

在高校英语教学中，任务型教学的应用可以帮助学生提升听、说能力。这种教学方法重视教学内容的深度和广度，并且强调语言－情境的真实性。通过让学生接触周围的生活资源、社会热点、道德礼仪、网络社交等，可以让他们更好地理解语言，并且避免死板的机械情境设定。将课堂置于一个更加真实、更加宽广的社会环境中，以任务型教学模式来激发学生的学习兴趣，并让他们掌握实际技能。

例如，在高校英语课堂上，学生可以通过讨论“可持续发展”“精神文明建设”等社会热门话题提升听、说能力。学生可以选择一两个具有代表性的、引起网络舆论的、有影响力的案例进行分组讨论。在这个过程中，教师可以帮助学生选择课题，明确课题的任务，并为学生设定学习目标。教师还可以为学生提供一些准备时间，帮助他们安排人员、收集资料、筹措资金等。最后，学生可以使用高校英语情景剧、广播剧和视频小短片等有趣的方式展示课程内容。通过英文演绎，将所选取任务的规定内容情境完整地呈现出来，并以英文进行详细的介绍、内容展示和总结性陈述，以便更好地反映出教学过程中遇到的问题、思考和学习心得。教师可以在任务中提供全面的指导和帮助，并随时回答问题。

除了传统的互动性和趣味性的任务形式，还可以选择更具挑战性的个人英语学习任务，如主题演讲、观点讨论和辩论比赛，这些任务既能激发全员的学习热情，又能让英语学习氛围更加浓厚。采取上述策略，可以大大提高学生的英语听说能力，克服高校英语学习中的瓶颈。这些策略还能将生活中的各个方面融入英语学习，让学生在实际交流中体验到英语学习的价值。随着社会的发展，热点问题的变化应该及时跟进，以便更好地满足学习者的需求，提高他们的交际能力，并加强他们的英语听说能力。

（二）深化以网络输出为导向的高校英语任务型教学

随着信息技术的发展，高校生已经成为网络的主要使用者。因此，高校英语教师应该意识到，信息时代为英语教学带来了更多的可能性。新的教学设备和平台为学习者提供了更便捷的学习方式，网络将成为未来高校英语教育的主要媒介。

随着时代的发展，高校英语教学面临着新的挑战。目前，以网络为导向的任务型教学已成为深化高校英语教学改革的重要方法。通过这种方法，学生可以更直观地完成任务，并获得更多的成果。另外，它还能激发学生的学习兴趣，增强他们的自信心。

通过利用当前流行的社交媒体软件，我们可以更好地实现具体的销售目标，特别是针对高校学习营销、金融等专业的学生。与传统的实体销售相比，网络销售具有更大的发展潜力，也更受年轻人的青睐。通过这次机会，我们可以在英语学习中加入销售直播模拟，以特定情境的物品销售任务为主题，围绕产品的特点、功能和使用方法进行模拟学习。因此，特殊专业的学生可以通过网络输出学习英语，并且更加符合未来的社会发展趋势。同时，通过利用网络平台，教师可以在学生之间推广英文短剧的拍摄，这不仅符合当前大学生的社交需求，还能通过主流的网络社交渠道展示学生的英语学习效果，展现个人魅力和创意。同时，这些短片还能结合娱乐性和互动性，满足学生的个性化需求，增强英语学习的时尚感和实用性。

传统的大学英语课程通常是集中授课，缺乏娱乐性和参与性，这与当下高校生的心态相差甚远。因此，这种教学方式往往效果不佳，也无法展现学生在英语学习中的个人魅力。利用网络平台和娱乐方式，我们可以打破传统教学的局限，通过一期一个主题、限制参与人数和拍摄时长、提倡正能量、保持积极向上的精神风貌完善任务设定。这不仅能满足新时代英语教学的目标和要求，还可以进一步形成以培养独特个性魅力的学生为核心的人才培养道路。通过完成各种网络输出任务或活动，我们可以建立并培养学生的语言学习自信。通过引入网络输出的任务型教学，我们可以在大学英语课堂中进行新的社会实践探索和有效尝试。这种方式注重综合性、体验性和实践性，使学生能够更好地理解和应用所学知识。

（三）培养学生英语综合应用能力和自学能力

英语是一门综合性学科，它要求学生具备听、说、读、写、翻译等多种能力。特别是在高校阶段，更加注重培养学生的综合应用能力和自学能力。为了满足这些要求，任务型教学法更为适用，它强调以学生为中心，重点掌握基础知识，同时也注重培养学生的综合运用能力和自主学习能力。

高校英语教学，区别于其他学段的学生英语教学。大学生具有更强的独立学习能力，他们在任务型教学方面的掌握能力和体验感都比其他年级的学生更好。在这种教学模式下，学生不再是教师的辅助工具，而是成了课堂的核心，教师扮演指导者和协助者的角色。教师应该根据学习目标，制定一系列明确的任务，并且给出相应的指导，让学生能够自行组织学习，充分发挥自身的潜力，从而更好地完成任务，同时也可以帮助学生发现问题，解决问题，从而提高学习效果。

例如，教师可以通过观看英文原声电影激发学生的兴趣，并在观看完成后给出相应的学习任务。这些任务包括探究电影中的对话、情节、人物设定、主题思想和观后感。为了完成这些任务，学生需要按照小组的形式提交书面作业，并在小组中明确各自的职责，最后由一两名学生进行口头演讲。经过这项学习任务的发布，学生们拥有了清晰的目标，因此，他们可以根据自己的兴趣，组建一个小组，进行分工协作，以便达到预期的目标。通过这一过程，不仅培养了学生的团队协作能力、分工精细度、任务分析技巧、资料收集技巧、数据处理再加工技巧，还提高了他们的综合分析能力、英文编写技巧和英语口头表达能力，从而使他们的个人自学能力得到显著提升，同时也促进了学科综合应用能力的发展。在任务结束后，教师应该及时对任务的总体进行评估，并且对于出现的共同问题进行统一的解释和分析，同时给予个性化的指导，以便为下一次任务的完成打下坚实的基础，从而达到任务设定的最终目标。通过不断深入探究学习目标，可以逐渐提高学习任务的难度，使其更具针对性。因此，学生可以在完成不同的学习任务后，获得学习计划内应有的成绩，并且能够熟练掌握相关知识点。

（四）强化学生英语学习的专业实践感与职业体验感

近年来，传统英语教育面临着一个严峻挑战，即它过分依赖于词汇、文本和语法的应试教学，忽视了英语的实用性。许多学生在大学英语四、六级考试中表现出色，但在日常交流中却难以胜任，甚至难以适应外企的语言环境。这种情况被称为“哑巴英语”，因为它缺乏真正的听、说能力和语言、语境的实际适应。

通过采用任务型教学方法，可以更好地帮助学生应对未来的职业挑战。教师可以根据学生未来的就业方向，综合评估他们可能会遇到的英语对话场景和专业词汇，并通过这些信息来推导出他们更适合的英语学习方向。通过设计与实际就业相关的任务，学生可以在完成这些任务的过程中，大量积累适应未来职业发展的常用词汇和对话。通过丰富学生的英语使用经验，可以帮助他们更好地应对职场中的常见情况、突发状况和特定场景，提高他们的专业英语水平，并增强他们的职业体验。

例如，为了满足未来医学交流的全球化需求，医学专业的学生必须掌握与之相关的专业英语词汇。然而，由于这些词汇的难度较大，学生往往会感到乏味。为了解决这个问题，教师可以通过一些有趣的互动游戏帮助学生们提高学习兴趣，提升学习效率。通过以人体结构为基础，根据学生的个性特点，将一个班级划分为“构造组”和“疾病组”两个小组，并使用形象的图片和人体模型进行分组竞争。教师随机抽取一个人体部位，“构造组”的学生需要能够准确地说出该部位的中英文名称，“构造组”学生需要能够准确地说出该部位的中英文名称，“疾病组”学生则需要能够及时地说出该部位的一些常见病症的中英文名称。“疾病组”的学生可以用英文描述一些常见的人体疾病，“构造组”则可以用中文和英文回答这些疾病易发和多发的部位。一段时间后，两组学生可以进行对调，确保每个人都能够参与到部位和病症的词汇查找与积累中。这样不仅能增强听、说互动性，还能丰富医学专业英语的趣味性，更容易掌握和表述生僻专业词汇。

又如，为了提高学生的服务能力，教师可以从专业的特殊性入手，帮助他们适应特定语境并应对突发情况。在实际操作中，可以聘请专业人士来授课，暂时代替教师的角色。通过丰富的工作经验，为学生提供了一些实际的工作场景，包括导游用英语向游客讲解景点；空乘能够满足乘客的需求；酒店管理人员处理酒店内部的矛盾等。学生可以通过分组角色扮演学习这些知识。在这个过程中，要求学生用英文和汉语分别撰写表演剧本，并与即兴演出相结合。通过这种方式，学生可以更好地了解未来的工作压力和挑战，同时也能更好地掌握职业英语，使用英语解决问题和处理矛盾，为未来的职业发展做好充分的准备，促进语言词汇的积累和实际运用。

通过任务型教学，为各个专业的学生打下了良好的就业基础。这种方法使得学生对英语的听说能力更加熟练，并且相信在就业后能够更好地应对问题。总之，这种教学方式符合实际语言环境的要求，使得整个教学过程更有趣、更有效。

第四节　多模态教学模式

一、多模态理论与多模态教学

在日常生活中，人们通过触觉、视觉、听觉和嗅觉等感官系统与环境内的事物进行信息交流和互动，这种方式被称作模态。一般来说，单一感官系统与环境内事物的交互可以被称作单模态；而双模态是指两个或两个以上感官系统同时参与环境及事物的交互。

多模态理论起源于20世纪末期，它强调了多种感官，如听觉、视觉、触觉等参与，通过语言、图像、声音、动作等多种手段和符号资源进行交流的现象。

这一理论的发展迅速，引起了国内学者的广泛关注。多模态教学法是一种基于多种语言模式的教学方法。

多模态教学是斯坦（Stein）在2000年首次提出的多模态教学理念，它强调通过使用多种符号或模态，如文本、声音、图像等，实现教师在课堂上的交流，从而更好地传达教学信息和内容。多模态教学旨在通过多媒体环境，让教师能够更有效地使用多种模态，从而更好地实现教学目标。通过多模态教学，让学生的听觉、触觉、视觉等多种感官得到充分的发挥，激发他们的学习兴趣，让他们在多种学习方式中获得最大的收获。这种教学方式不仅注重教学的创新性、趣味性，更重要的是让学生在课堂上参与其中，从而提升教学质量和教学效率。

多模态教学是一种通过多种感官交流和学习的方法。作为一门语言学科，英语教师需要运用多种感官激发学生的学习兴趣，提高教学效率和学生的学习质量，帮助他们更好地记忆知识。多模态教学模式是一种非常有效的教学方法，它能够帮助学生更好地理解和掌握英语。为了提高教学效率，培养学生的综合实践能力，大学英语教师应该认真思考并实践这种教学模式，并通过自己的教学实践合理和科学地运用它，使学生能够更好地学习英语。

二、多模态教学模式下的策略选择

（一）多模态教学模式下的元认知策略

元认知是一种学习策略，它旨在帮助学习者更好地理解和掌握所学知识，并通过计划、监控和调解等方式实现这一目标。元认知策略可以帮助学习者更有效地完成学习任务，从而提高学习效率。这种学习策略的层次远超过认知和社会情感这两种方法。

通过多模态教学方法，学习者可以从多种渠道获取信息，包括文本、PPT、视频、音频、字幕等，从而更好地安排学习任务，避免单一依靠文本制订计划时可能出现的畏难情绪，进而提高学习效率。

视频+音频+字幕可以为学习者提供学习情境，即通过实际情境或模拟情境，学习者可以更深入地理解文本内容，这种体验式学习方式可以让学习者获得实践经验，并将其与他人分享，从而形成理论，最终将理论应用于实践。学习过程是一个从实践中获取知识的过程，通过观看视频验证自己的理解。这种方式符合多模态教学的原则，即在观看视频时，学习者可以初步理解文本内容，但随着视频内容的深入，他们会发现自己的理解并不完全正确，从而意识到自己的理解有误。因此，学习者需要重新研究文本内容，以获得更准确的语义。

在教学中，教师应根据学生的实际学习水平，选择适当的视频内容，既要与文本内容相符，又能让学生理解并掌握知识，同时也要帮助他们发现自己的不足，并调整学习进度。另外，视频还应具有一定的趣味性，激发学生的学习积极性。在这种教学模式下，学习策略的使用显然比传统模式更加多样化。不仅要运用视觉形象和声音表象，还要结合身体动作解读人物肢体语言，以便达到更好的学习效果。

通过个人经历和经验，学习者可以更有效地理解视频画面，并加深对文本内容的理解。然而，要想真正掌握单一文本的意义，需要具备一定的语言知识、百科知识和认知能力，而没有这些基础和能力，就很难理解和掌握具有一定难度的文本。通过视频＋音频的教学，学习者可以从肢体语言和实物中获取有意义的信息，而字幕的添加则为视频画面提供了文字解释，使文字意义与动态的画面意义相结合，从而使文字意义的解码不再只依赖语言知识和相应的认知能力，而是通过具体的情境和场景来实现。在制订学习计划时，除了参考文本，还可以结合视频＋音频＋字幕，从多个维度评估自身学习能力，制订更加符合自身的学习计划。在学习过程中，要注意文本的意义理解是否准确，是否存在曲解或误解，单一的文本阅读可能无法及时反馈出曲解或误解的地方，即使是通过课堂学习，也要结合语言本身的多义性和歧义性，以及学习者个人的认知能力，来进行更加全面的评估，以便更好地实现学习目标。误解、曲解或不准确的理解，这是不可避免的。通过观看视频、实物展示和人物肢体语言的提示，学习者可以与文本理解进行比较，及时发现自己的理解偏差，并进行调整和评价。视频＋音频＋字幕的结合可以帮助学习者更好地理解文本，更准确地掌握语义。

通过多模态教学，学习者可以从多个角度评估自己的学习能力，制订更符合自身需求的学习计划，完成学习任务。此外，多元化的学习策略是提高学习效率的关键因素，也是衡量学习能力的重要指标。多模态教学可以帮助学习者充分利用多种学习方法，而不只是局限于文本学习。

（二）多模态教学模式下的认知策略

认知策略是一种重要的语言学习技能，它可以帮助学习者更好地理解和掌握概念，并能够有效地运用规则来解决问题。它不仅可以提高学习者的学习效率，还可以帮助他们更好地理解和掌握语言。认知策略是一种技能，它可以帮助学习者更好地理解和处理信息，并将其有效地存储起来。

在多模态教学环境中，认知策略的使用显然更为重要。多种信息源的共存使得信息的获取需要多种模态的解读，而且需要对模态之间的协调和内联有较强的感知和辨别能力。因此，认知策略在多模态教学环境中发挥着越来越重要的作用。尽管学习者需要解码和整理多种模态的符号，但是由于这些符号之间的协调和内联是基于他们的经历和经验，因此他们不需要付出太多的认知努力。只需要提取长时记忆中的符号意义，并将它们归并到新的学习情境中即可。这是一个将新旧知识结合的过程，通过这种方式，学习者可以提升自己的学习能力。

建构主义学习论认为，学习是一个复杂的过程，它不仅是一种外部知识信息的输入、存储和积累，还是一个需要学习者主动探索、思考、分析和理解的过程，这个过程中，新旧经验之间发生交互作用，从而形成新的知识结构和技能。显而易见，新旧经验的交互作用是建立在学习者个人经历基础上，通过演绎、拓展、迁移、推测和重新组织等认知策略，将经验进行比较、补充和扩展，从而形成新的经验，并将其抽象成一定的知识结构。这些策略已经成为我们日常生活中不可或缺的一部分，学习者可以在无意识中将它们应用于解读多种信息，从而提升自身的认知能力。

通过多模态符号的情景化输入，学习者可以更加深入地理解和运用生活经验和常用的认知策略，而不只是局限于文本学习，如翻译、记笔记、利用关键词、利用上下文情境等，这些策略的有意识使用可以提高学习效果，但是，仅仅依靠文本意义的获取和语言形式规则的获取，对于基于百科知识和实际物质世界的文本意义，还是无法满足学习者的需求，因此，需要更多的实践性的输入，以更好地理解和掌握文本的含义，从而提升学习效果。语言的表达方式无法完全传达出它所蕴含的深层含义。在多模态教学环境中，通过表情、动作和语调来表达更多的含义，使用多种认知策略的效果远远高于仅基于文本学习的方法。这些策略的使用是无意识或潜意识的，更容易掌握并灵活运用，并且能够更好地协调配合。

随着多模态符号体系的出现，它们传递的意义比单一模态更加丰富多样，而且在解读时，采用不同的认知策略，使得新旧结构之间的联系更加紧密，从而有效地扩展和强化意义网络，促进短时记忆向长时记忆的转变，提升学习效率。心理学家认为，学习策略的选择可以反映一个人的学习能力，儿童在学习初期可能会采用单一的方法，但随着时间的推移，他们可能会发现更多的学习策略，并且在学习过程中不断探索和实践。通过多种模态符号的输入，可以促进多种认知策略的并用或转换，从而提升认知能力，同时也让学习者更加深刻地理解这些策略的使用特性和效果。另外，这些策略是在一定的过程中形成和发展的。随着时间的推移，学习者不断地重复使用同一个策略，从而不断提升自身的理解力，最终形成更有效的学习策略。这种策略不仅具有系统性，而且是由规则和技能组成，可以帮助学习者更快地掌握知识。

通过多种学习策略的结合，可以使学生们更好地理解各种规则与技能，从而推动他们掌握新的学习方法，拓宽视野，提升思维能力，从而获得更多的收获。因此，通常情况下，学习策略的发展与学习过程密不可分。当学生的学习能力较强时，他们会更加灵活地应用各种学习策略。

在多种教育方式中，认知策略的使用有助于促进学生的学习策略的进步，并增强他们的学习能力。

（三）多模态教学模式下的社会情感策略

学习者的学习活动大多是在课堂上进行的，学习环境由教师、专家、教辅人员、家长等多方参与，他们共同分担学习任务，共同探讨学习资源，共同完成学习目标，从而形成一个有效的学习共同体。成员之间相互学习、互相激励，共同探索新的学习方式。

学习者既可以通过多种方式获取知识，包括纸质或电子媒介等介质；也可以通过阅读他人的经验和描述来获取知识。这个过程有助于丰富、完善和发展自己的知识经验。通过不断提升自身学习能力，我们不仅加深了对外部世界的理解，而且建立了自己独特的认知观和知识体系。因此，学习不再是一个孤立的、完全独立的过程，而是一个与外部世界紧密相连、相互作用、相互影响的过程。

通过分享学习过程，学习者可以更好地与他人交流，探讨学习中的问题，从而提升学习效果。因此，学习过程不仅是一个交流的过程，还是一个充满互动性和合作性的过程，它能够激发学习者的社会情感，并且在学习中运用社会情感策略。

北京师范大学孙波教授团队提出了 7 种基本学习情感类型，它们分别是高兴、惊讶、厌烦、困惑、疲劳、专注和自信，这些情感可以有效地促进学习，并且在交互合作学习中发挥着重要作用。当学习者感到困惑时，讨论就没有必要继续下去，因为这会导致他们更加迷惑，甚至产生厌烦情绪，影响他们的学习积极性。相反，如果学习者对学习内容充满信心，讨论就可以继续下去，深入巩固学习成果，让他们感到获得感和成就感，增强他们进一步学习的信心。因此，社交情感对学习过程产生了重要影响，正确运用情感策略可以促进学习并提高学习效率。

在多模态教学模式下，学习者可以通过多种渠道获取知识，包括语音、视频等多种形式的输入，这些信息可以帮助他们更好地理解语言规则和语义，避免学习过程中出现困惑和厌烦的情绪，从而提高学习效率。通过肢体语言和声音信息，我们可以更好地理解文本内容。此外，当我们输入动态画面和声音时，人物的行动和话语也会激发我们的想象力，让我们产生表现欲，积极参与学习交流和讨论，展示自我，获取知识。通过多模态教学法，课堂共同体的学习氛围得到了极大的活跃，学习者积极参与，主动体验式学习，并利用多种有效的社交情感策略来提升学习效果。这种方法不仅能够激发学习者的学习热情，而且还能够深化学习共同体的学习氛围。

三、高校英语多模态教学模式应用的可行性

（一）使用多模态教学完成学习成果的巩固

通过研究遗忘曲线发现，教师必须不断加强对知识的理解和记忆，才能让学生在学习过程中更加牢固。对于当前的大学英语课程来说，如果课堂上学到的知识无法在课后及时复习，那么学习效率就会降低。

过去的教学方法通常只依靠背诵来复习英语知识，这种方法并不能达到理想的复习效果，而且无意义的记忆也难以长久保存。因此，教师需要采用多种教学方法，将没有意义的知识转化为更有意义的记忆。通过联想的方式，学生可以更深入地理解英语单词的读音，并且能够快速提取记忆信息。这种教学方式有助于

巩固学习内容，提高学习效果。例如，在“shine”单词学习中，教师可以通过让学生根据单词的实际意义或者选择读音来进行联想，以便完成教学。“shine”包含“发光”、“照耀”和“反光”、“将……照耀”的意思，学生可以通过简单的解释来将这两个词汇与太阳联想到一起。太阳本身就具有耀眼的光芒，而且它散发出的光芒也能让人感受到一种酷热的气氛。因此，学生在记忆单词时，很容易将其与太阳联系起来，从而更直接地理解单词的含义。此外，通过描述太阳，学生还可以将其与单词的发音联系起来。通过联想法，学生可以更有效地学习英语，并且能够更深入地记忆单词。这种方法主要是将原本枯燥的知识与有意义的事物联系起来，帮助学生克服对英语学习的恐惧，更好地掌握课程内容。

通过采用多模态教学方式，学生可以更快地解决英语学习中遇到的问题，这样就可以改变传统的教学模式。这种方法能够高效且熟练地完成英语课程，减轻学生在学习过程中的负担。

（二）多模态教学可以提升学生的学习能力

学习英语是一项挑战性的任务，因为它与汉语有很大的不同。为了提高学生的英语水平，必须改变原有的思维方式。这样才能真正帮助学生提高英语学习能力。

如果想要更好地学习英语，听、说、读和写都是必不可少的。在过去的课堂教学中，教师经常注重学生在阅读和写作方面的表现，而忽略了听和说的重要性。这导致许多学生在口语表达能力方面存在困难，在阅读短文时也容易暴露出自己的不足。因此，在英语教学中，应该采用多种模式，并使用全英文教学方法来帮助学生提高听说能力。通过这种方式，学生可以大幅提高口语表达和英语听力能力。

当学生遇到一些难以理解的问题时，可以向老师提出问题，通过不断练习，可以提高他们的英语听力能力。在课堂上，教师还应鼓励学生使用英语回答问题，这样可以帮助学生更好地理解所学知识，并锻炼他们的表达能力。通过这种方式，学生可以建立自己的知识体系。

通过采用多模态教学方法，学生可以通过多种不同的方式学习和掌握英语知识，这对于提高学生的英语水平有积极的作用。另外，这种方法还能帮助学生在日后熟练使用英语。因此，在教学过程中采用多种模式的教学方法，可以让学生从多种不同的途径学习英语，并且能够持续提高他们的能力，让他们在课堂上学到更多有用的知识。

（三）在教案设计中灵活使用多模态教学

多模态教学是一种系统化的教学方式，它能够帮助教师更好地设计课堂上的每一个环节，并且能够让学生更容易理解和掌握知识。教师应该熟练掌握多模态教学的使用方法，以便获得更理想的教学效果。教师应具备丰富的教学经验，并能够熟练掌握本章节的内容。这样才能在日常教学中运用多种教学方法。

在课堂教学中，多模态教学的时间有限，因此，教师需要合理安排课程内容，以便达到最佳的教学效果。在制定教案时，应该考虑到多模态教学方式的使用，以确保教学过程的顺利进行。同时，英语学习还包括听、说、读和写等多个方面。例如，在学习单词时，教师应该重点关注学生的发音，并通过口头讲解来帮助学生了解准确的发音方式。另外，可以通过小组交流的方式来纠正学生的发音。在学习句式时，教师应该尽可能关注学生的掌握情况，并让他们使用这一句式完成造句，以便在熟练掌握后进一步深化学习记忆。

为了更好地掌握学生的学习情况，教师可以采用情景教学方式来检验学生的学习效果。例如，在学习食物相关知识和掌握文章中的句式之后，教师可以创造一个模拟西餐厅用餐的情景，让学生利用已经学过的知识与服务员进行对话，最终完成点餐、评价菜品及结账的整个流程。这样，学生就能够更加深入地理解所学内容，并能够更好地应用所学知识。通过采用这种方式来创建有效的教学情境，可以让学生在生动有趣的环境中复习所学知识，同时也能锻炼他们的口语表达能力。

如果想要在英语课堂上成功地使用多模态教学，教师需要在课前进行充分的准备工作。这样，他们才能够更有目的地进行教学，并且能够帮助学生提高学习效率。通过按照教师设计的步骤学习相关章节内容，学生可以更好地掌握知识。

四、多模态教学模式在高校英语教学中的创新应用

（一）合理选用模态教学

采用多模态教学模式可以为大学英语教学提供更多的可能性，从而弥补单模

态教学的局限性。然而，教师应该根据教学目标、学生的学习特点及教学环境，灵活运用各种模式，以达到最佳的教学效果。多模态教学的成功取决于许多因素，其中包括教师如何选择最佳模态并将其融入课堂。通过协调各种模态之间的关系，可以更好地帮助学生提高英语水平。相反，如果教师选择的模式过多，使用混乱，学生就会感到困惑，不知道该把重点放在哪里，从而偏离教学目标。因此，有学者强调多模态教学的适配性和有效性。

教师在选择教学模式时，应遵循适配性原则，即要求各个模式之间相互协调，避免出现一个模式对另一个模式产生抑制效果。例如，许多国外影视剧具有重要的教学意义，在高校教学中，教师可能会选择一些影视资料来辅助教学。但是，在引进一些国外影视剧时，字幕和配音都会经过翻译处理，如果教师选择的影视资料中人物语言表达使用的是英语，那么这些资料就不能满足教学需求。使用中文字幕会导致模态之间的冲突抑制，这会严重影响教学效果。

在教学中，有效性原则旨在确保所选择的模态能够有效地帮助教师实现教学目标，提高教学质量。例如，在培养学生的写作能力时，教师可以使用多种模态，如课堂活动和小组讨论等，这些模态之间可以相互协作和转换。通过多模态协同作用，教师可以让学生们在展示优秀文章的同时，进行小组性的讨论，从而更好地理解和掌握信息，并在这个过程中潜移默化地提升学生的写作能力。

（二）充分应用网络技术及网络信息

随着计算机技术的飞速发展和网络信息及资源的丰富，如果能够有效地利用这些资源和多媒体，就可以为学生提供更加精准、实用的学习任务，使他们能够有针对性地进行学习。通过多种教学模式，包括实践和网络资源，可以为学生提供更多的学习机会。除了引入一些外国影音资料，还可以向学生介绍一些西方文化、语言和风土人情，并展示一些国际演讲资料。这些内容能够让学生在视觉上有所收获，激发他们的学习兴趣和注意力。同时教师应该不断地更新自己的教学方案和材料，以便满足时代对核心素质教学的需求。这样，他们才能更好地与学生沟通，增强师生交流，达到教学目标。另外，教师也应该利用资源来丰富学生的知识面，使他们能够更好地理解时事热点。

（三）运用多模态教学开放学生思维

当今社会对有创新思维、有想法的高素质人才的需求日益增长，因此，对学生的思维培养显得尤为重要。虽然大学英语教材已经提供了大量的信息和知识，但是这些教材仍无法满足当前社会的需求。通过利用多媒体和网络技术，教师可以鼓励学生制作 PPT，以便更好地理解和掌握教材内容，这样的学习过程不仅可以让学生更好地理解教材，而且还可以让学生更深入地体验学习的乐趣。同时，PPT 的多样性和动画性使“活动”变得更加生动有趣，它不仅能够给学生带来多种感官冲击，而且也是多模态模式教学创新应用的体现。PPT 制作过程不仅能够锻炼学生的动手实践能力，还能够激发学生的思维，让他们能够将理论付诸实践，从而达到综合性的教学目的。

（四）运用多模态教学模式激发学生的自主学习能力

要想充分理解和掌握所学知识，学生需要在学习过程中不断提出问题、思考问题并寻找解决方案。过去，传统教学模式以教师为主导，只是单方面地讲解，使学生缺乏主动性。另外，教师更多的是通过提出问题来考查学生对知识的掌握情况，而非真正用于思考和学习。即使教师采取了提问和互动的方式，也很难满足所有学生的需求。因此，采用多模态教学模式可以更好地激发学生的学习兴趣，促进师生交流，提高课堂互动的有效性，让学生能够更多地参与到课堂活动中，从而提高学习的自主性。

（五）构建多模态教学模式的课余英语学习平台

学校应该建立一个有效的多模式学习平台，以便满足学生的学习需求。例如，可以建立一些团体性的英语学习平台，如英语角、英语实践运用社团等，鼓励学生积极参与并学习。另外，教师也可以通过加入学生的微信群、QQ 群等方式，为学生提供帮助和支持。通过实践性学习活动，教师可以提供有效的指导，促进师生之间的交流与互动，为学生提供一个有利的学习环境，从而提高学生学习效果。

第四章　新形势下的多样化英语教学模式

本章主要对新形势下的多样化英语教学模式进行简单阐述，主要从以下三个方面进行介绍：信息技术与课程整合的高校英语教学模式、基于ESP框架的高校英语教学模式、跨文化背景下的高校英语教学模式。

第一节　信息技术与课程整合的高校英语教学模式

尽管我国在信息技术与课程融合的实践中已有多年的积累，但在教师群体中，对于这一概念的准确理解仍然存在一定程度的缺失。部分教师将信息技术与课程融合简单化，仅看作现代教学的工具或者更高效地掌握信息技术的路径。而更多的教师，把信息技术与课程融合与计算机辅助教学画等号，他们认为，只要课堂上采用了多媒体或课件，就可以称作信息技术与课程的融合。这种误解反映了教师对信息技术与课程融合真正含义和核心价值的不够了解，也显示出他们在实践信息技术与课程融合的具体路径和方式上的认识缺乏与技术欠缺。

一、信息技术与课程整合概述

（一）产生背景

随着科技的日益进步，网络和多媒体技术得到了广泛应用和发展，它们为教育技术的持续创新提供了良好的硬软件环境。素质教育的全面实施和教育改革的深化，进一步强化了社会对培养具有创新精神和实践能力的优秀人才及劳动者的需求。因此，教育信息化得到了全社会的广泛认可和高度重视，中国的信息技术教育正在快速发展道路上奋力前进。尤其在近几年，基础教育改革的推动，先进教育理念的倡导，以学生为本的教学模式的提出，以及教师信息技术能力的培养，共同推动了信息技术教育的蓬勃发展。一种全新的模式正在形成，即信息技术与各种学科课程的紧密融合。这是教育工作者对信息技术的全新认识，从单纯地把信息技术作为计算机课程的一个部分，转变为将信息技术与教学过程和课程内容紧密结合，这是对信息技术的更深层次的理解和应用。

信息技术与课程整合理念最初源于西方的课程整合理念。在英文中，“整合”一词是“integration”，在中文中，它有多种含义，如整体化、融合、一体化等，但它的核心含义是“整合”，即把一个系统的各个部分或因素融合为一个新的、整体的构造，这一过程是系统化的。整合的结果是使系统内的各个元素达到协调，相互融通，使系统的各个元素发挥最大效用，这个过程会产生一个新的实体。课程整合是系统性地考虑和操作课程设置、日常教学活动、教学设计、评估等各个要素，用全面、联系、辩证的视角理解和研究教育过程中各种教学要素之间的关系。

教学整体化，其核心精神在于构建一个过程，使得各种教学元素和组成成分能够重新编排成一个协调的整体。这种整合并非简单地将已被分割的部分组合，也非只是将各个学科集中。真实的教学整体化，它的含义深远，是重新塑造那些原本有内在联系但被人为断开的知识，以形成统一而连贯的教学模式。这种联系是真实存在的，而非人为制造，是源自事物本质的相互关联。强行的、人为的连接只会让教学变得混乱不堪，就像一锅杂烩。若两个元素间的连接并非自然生成，那么就不应该硬性地将其联系起来。值得注意的是，并非所有的事物都必须和其他事物有所连接。教学整体化的过程中，应关注元素间的天然联系，而不是强行地将所有元素相互联系。

因此，将信息技术纳入课程中，不仅是简单地叠加或使用工具，更不是仅在技术手段层面进行应用。它应是如何实际地将信息技术融入课程的整体中，使其成为整体中不可或缺的一部分，甚至构建一个全新的一体化系统。在各个学科的教学中，有效地引入信息技术，有机地整合各种教学资源和各个教学环节，将教学理念、方法、技巧和教学媒介良好的融合在一起，在整个教学流程中保持一致性，最大化地利用系统的整体优势，以产生协同效应。

在理解信息科技与课程的融合时，可以从三个主要角度出发。第一，引入基于网络和多媒体的信息化环境作为教学活动的基础是重要的；第二，信息化处理后的课程内容成为学生的学习资料；第三，倡导学生使用信息处理工具以改变学习方式，并实现知识的重建。在这种信息化的学习氛围中，学习者的学习模式经历了重大的变革，因为我们把信息技术融入学科课程中。学习过程以学生为主导，能够满足他们的个体化需求，而不只是知识的传递；以问题解决为核心，鼓励学生深度思考；学习过程变得更加互动，鼓励学生间及教师和学生之间的交流；教师和学生的关系变为协作和共享的伙伴关系；学习过程带有创新性，不仅是吸收知识，还要创新知识；学习不再受时间地点的限制，可以随时随地进行。

换种方式来说，学生的学习不再只依赖于教师的指导和课本知识，他们可以借助信息化平台和数字化资源，实现教师和学生的协作学习。他们可以收集和使用各种资源，探索并创新知识，展示自己的学习成果。因此，通过信息科技与课程的完美结合，学生能够掌握信息时代的学习方法，包括如何利用各种资源进行学习如何在数字环境中提高自主学习能力；如何利用网络通信工具进行交流和协作学习；以及如何利用信息科技进行实践创新学习。总之，学生可以利用各种数字化工具，如文字处理、图像处理和信息整合，对课程知识进行深入的理解和创新，从而实现信息科技与课程的有机结合，这不仅有助于知识的传递，也有助于学生对知识的创新和重构。

迄今为止，我国基础教育信息化的发展十分迅速，教育信息化基础设施已初具规模，教师、学生的信息素养教育得到了广泛的重视，对于信息技术与课程整合的课题研究，各教学研究部门和有条件的学校都投入了较大的力量进行实践研究并已取得很多可喜的成果。

将信息技术与课程融合是现代教育变革的重要途径，其被视为一种强有力的工具，用以革新传统的教学方式。整合信息技术与各类学科课程，能够对教学过程和学习过程进行优化，从而刺激学生全方位和个性化的成长。目标是创造出一个数字化的教学环境，实现真正的数字化学习，这正是我们在整合信息技术和课程时努力追求的目标。然而，这个过程并非一蹴而就，需要我们的教师和教育工作者进行持续的努力和积累。在这个过程中，我们将逐步掌握如何有效地将信息技术与课程整合，学习如何利用信息技术来丰富教学内容，提升教学质量，并借助信息技术来激发学生的学习兴趣和积极性。总之，整合信息技术与课程，不仅是教学改革的需求，也是提升教学质量和效果的重要途径。我们应该重视这个过程，以求在教学实践中不断提升，从而更好地满足现代社会对教育的高标准和多元化需求。粉笔和黑板的作用逐渐淡化，多媒体和网络的应用逐渐普及；在这个积累的过程中，普遍采用的传递－接受的主流教学形式将与多元化教学形式共存；教师和学生的角色都要被重新定位，单纯性的教师讲学生听、教师问学生答的教学局面将被改变；在这个积累的过程中，学生学习的主体性地位将不断被提升，学生主动学习，协作学习，发展个性。注重实践能力的意识和创新精神将不断提高。

实现信息技术和课程的融合，这涉及一个关键的观念，那就是双向整合。换句话说，应该是信息技术渗透到各个学科课程中，同时，各学科课程也需要在信息技术的支持下进行更新和创新。以下两个方面都必须进行独立研究，第一方面关注信息技术如何推动课程的革新和创新；第二方面着眼于在课程创新过程中如何有效开发和应用信息技术。这个观念的重要性不容忽视，因为它关乎在信息化社会背景下如何塑造全新的信息化课程结构，同时，也影响着我们如何通过各个学科实现有效的信息技术教育。我们不仅要在理论上认识到信息技术与课程的双向整合，还要在实际操作中体现出这一理念，构建新型的教学模式，提升教育的质量和效率。

（二）目标分析

将信息技术与课程融合，其意义远超使用信息技术作为一种教学辅助手段。它更重要的角色是通过信息技术建立一种创新的学习环境，此环境应当能支持多样化的教学和学习方式，包括情景建设、启发式思维、信息检索、资源共享、多层次互动、自我探索及协同学习等。通过实现这样一种以“自主、探索、合作”为主旨的教学模式，我们能充分激发学生的积极性、主动性和创造性，从而彻底改变传统的以教师为中心的教学模式。

这种教学模式变革的显著标志是教师与学生关系的转变及他们在课堂上的角色的改变，使得学生的创新精神和实践能力得到真正的培养，这也恰好是素质教育目标的要求。

发达的西方国家将信息技术与课程融合视为培养21世纪人才的基本措施，

而21世纪人才的核心素养是创新思维和协作能力。在这样的视角下，信息技术与课程的融合被视为塑造创新人才的关键途径甚至基础策略，信息技术与课程融合的目标是创新人才的培养。这不仅是我国素质教育的重要目标，也是当前全球各国进行新一轮教育改革的重要方向。

（三）内涵研究

对“信息技术与课程整合目标”的探讨明确了，制定这类整合目标必须首先从深入解析其性质和功能开始，其次在理解信息技术与课程整合的根本特性的基础上，才能推出其目标。这个过程需要进行细致的打磨和处理，可以从上述关于整合目标的探讨过程中，延伸出对信息技术与课程整合的解释或内涵。

此解释或内涵可以被解读为信息技术与学科课程的整合，是指利用信息技术和各学科的教学过程紧密结合，创设一种新颖的教学氛围。在这个环境中，实行一种教学方法，既能凸显教师的主导作用，又能充分展示学生的主体性，以“自主、探究、合作”为特点的教与学方式，此方式能最大限度地调动学生的主动性、积极性和创新性，从而彻底改变以往以教师为中心的教学模式，真实落实培养学生创新精神和实践能力。

根据这个定义，我们可以看出，它包含三个基本元素，即建立新型教学环境、推行新的教与学模式、改造传统的教学方式。构建新的教学环境是为了支持新型的教与学方式；新的教与学方式是为了对传统的教学方式进行革新；革新传统的教学方式的最终目标是培养学生的创新精神和实践能力，即达到培养创新型人才的目标。因此，“整合”的真正意义和最后的目的是革新传统的教学模式，也就是说，要改变以教师为核心的教学方式，建立一种新的教学模式，既能凸显教师的主导作用，又能体现学生的主体性，即“主导－主体相结合”的教学模式。

在教学过程中，“环境”的概念包含了广泛的含义，它包括人力和非人力因素，除教学主体之外的一切都可以被视为教学环境。因此，信息技术在教育中的应用比单纯将以计算机为中心的信息技术视为工具或手段的计算机辅助教学（CAI）或计算机辅助学习（CAL）更加深远和全面，其影响也更加重大。CAI主要改变了教学方法和手段，但并未创造新的学习方式，也没有改变教学模式，因此它不能与信息技术与课程整合相提并论。

然而，在整合过程中，CAI 课件可以用于激发学生的自主学习，这并不是说“整合”就排斥了 CAI。在这里，CAI 课件被视为一种提供给学生自主学习的认知工具和交流工具，它只是信息技术在整个教育过程中的一个环节、一个组成部分。而在以教师为中心的传统计算机辅助教学中，CAI 课件作为辅助教师突破教学难点的直观教具和演示教具，它成了信息技术在教育中的全面应用。可以看出，这两种教学情境下 CAI 课件的使用方式和实质内容是有所区别的。

现阶段，全球教育的发展趋势显示，信息技术的教育应用正在逐步进入第三个发展阶段，即信息技术与课程的整合阶段。在这个阶段，信息技术已经不仅被视为教学或学习的辅助工具，还是通过建立新型的教学环境和教学方式，从根本上改变以教师为中心的传统教学模式，以培养学生的创新精神和实践能力为目标，即培养大批创新人才。

（四）途径方法

信息技术与课程整合对我国当前教育深化改革的重要意义。就高等教育而言，我国教育信息化的硬件设施有了很大的发展，高校的校园网络建设基本上已经在全国范围内普及。虽然教育信息化硬件设施有了大幅增长，但是目前绝大部分却未能充分发挥作用，造成资源的极大浪费。对于大多数中国大学来说，其网络资源的使用主要集中在科研资料的检索上，比例高达 90% 以上。相对于这一应用，教育教学方面的利用明显不足。在剩下 10% 的应用中，部分被用于行政管理，如办公系统、电子图书馆、成绩统计等，其余的被用于教学辅助，但大多数仍停留在使用多媒体课件和 Power Point 这样的水平。真正能够将信息技术与教学内容有效整合，以此推动深化教育改革的院校并不多见。

如何利用信息技术，特别是网络环境，推动教育深化改革，打破传统的“教师为主”的教学模式，形成“学生主体、教师引导”的新型教学模式，这不仅是提升高等教育质量和效率的关键，也是中国教育向信息化、科学化方向发展的重要任务。

目前，国际上普遍认为，只有实现信息技术与课程的有效整合，才可能解决上述问题。对于这一整合的目标、内涵、方法等方面，需要有科学的理论进行指导。这种整合的关键是如何将数字化内容融入课程，甚至将整个课程数字化，并在教学中有效应用。只有在具有明确教育目标，且受过良好训练的教师的引导下，这种动态的数字化内容才能提高学生的探索和研究能力，从而实现数字化学习的目标。因此，学校必须将数字化内容与各学科课程进行整合，创造生动的数字化学习环境。

一般来说，教育专家认为信息技术在教学过程中主要在课前和课后发挥作用，如学生可以在学习和教师或同学交流合作的时候利用信息技术寻找相关资料。然而，对于一节课的短暂时间，通常很难充分利用信息技术，更多是依赖教师进行口头教学和身教育人。

对于在美国正在执行的信息技术与课程整合的基本模式来说，常见的实施方式包括基于问题的学习、基于项目的学习及基于资源的学习等。在课前应用信息技术的情况下，教师可以预先通过网络发布讲课的主题、相关资料、关键点和预习要求，使学生能够在课前做好充分的准备，并且在有疑问的时候随时与教师沟通和交流。基于问题的学习、基于项目的学习、基于资源的学习属于“网络研究性学习”的一种模式，这些模式都是围绕真实的自然或社会问题进行，涉及多个学科的交叉和多种知识的综合应用，它们需要进行大量的现场调查、访谈或者测量，因此需要花费大量的时间，在课堂上难以实现。

中国对信息技术与课程整合的理解源于西方的观念，也是通过构建新型教学环境进行整合。在各个学科的信息技术与课程整合过程中，我们应当考虑中国的实际情况，遵循一定的导向思想和实行原则，寻找实现信息技术与课程深度整合的基本路径和手段。

对于信息技术与课程的结合，应该借鉴西方的观念，即从构建创新的教学环境的角度去看待这个问题。但是，在我们的教育环境中，具有中国特色的信息技术与课程整合需要基于中国的具体国情，必须遵循适当的导向思维和实行原则，寻找能够达成深度整合信息技术与课程的基本策略和手段。在对待这个问题上，我们不能简单地复制西方的方式，而应该适应我国的实际情况，创新地实现整合。

1. 以先进的教育理念为指导

为了实现信息技术和课程的真正整合，我们需要被先进的教育理论，特别是建构主义理论所指引。这种整合不只是涉及现代信息技术手段的应用，同时也是教育深度革新的一部分。没有理论引导的实践可能会迷失方向，改革可能会偏离预定的轨道。虽然建构主义理论并不能解决教育过程中所有的复杂问题，但它强调“以学为主”，主张学生通过自主探索获取知识，这对我国长期以教师为中心的传统教学结构形成了挑战。另外，建构主义的学习和教学理论，以及在建构主义学习环境下的教学设计方法，都可以为信息技术环境下的教学及信息技术与各学科课程的融合提供强大的理论支持。

2. 以建立新型的教学模式为中心

深化对信息科技与课程融合内在逻辑的理解，可以揭示出“融合”的本质及其基本支撑是革新传统的教育方式。这种转变包括打破过去教师为中心的教学架构，构建出一种全新的教育模式，这种模式能同时反映出教师的引导能力，也能尊重学生的主体地位，实现“教师引导与学生主导相互结合”的教育模式。在融合的过程中，教师有责任密切关注教育系统中的四个核心因素，分别是教师自身、学生、教学内容及教学媒介、教师的角色与地位。同时，通过这种融合方式，教师需要对这四个因素的地位与作用进行必要的调整。然而，调整的程度、哪些因素发生了改变、哪些因素保持不变以及保持不变的原因，都成了评价融合效果和融合深度的重要指标。因此，我们必须对这些关键因素进行深入研究和探讨。

3. 坚持“学教并重”的教学设计理论

当前，教学设计理念主要有两个流派，一种是注重教师为主导的教学设计，另一种是以学生为中心的教学设计，后者也被称作建构主义学习环境中的教学设计。由于每一种理念都有其独特的优点和局限性，因此，合并两者的优势以实现最大的教学效果是非常理想的，即创建一个“学教并重”的教学设计理论。在这种理论中，教师和学生的角色都得到了重视和强调。当这种理论被运用到教学设计时，以计算机为中心的信息技术，包括但不限于多媒体和计算机网络技术，将不仅被视为帮助教师进行具象化教学的工具，还会被视为一个强大的工具，可以刺激学生的自主学习，增强认知能力和协作交流。此外，建构主义学习环境下的教学设计理论可以提供有力的指导，帮助教师和学生更好地利用信息技术。

4. 重视教学资源的建设

丰富且优质的教学资源是实现课程整合的重要前提，是学生的自主学习、自主发现和自主探索的必不可少的条件，也是改变教师主宰课堂、学生被动接收知识的要求。缺少了这个条件，新型教学模式的创建也便无从说起，创新人才的培养也无法实现。在教学资源的开发上，教师需要积极收集、整理和利用互联网上的现有资源，如免费教学软件等。只有在确实找不到理想的、与学习主题不相关的资源情况下，教师才需要进行自行开发。

5. 注意结合学科的特点

教育教学模式的创新实质是教学结构的全面革新。尽管教学结构在一定程度上与教学方法和策略重叠，但两者并不等同。教学方法或策略通常是指在教学实践中使用的单一方式或策略，而教学结构是包含了两种或更多教学方法及策略的有序组合。在教学过程中，要想达成明确的目标或效果，往往需要灵活运用多样化的方法和策略。当这些教学方法和策略能联合起并稳定达成设定的目标或效果时，它们便构建出了一种有效的教学结构。为了实现独特的教学模式，可以设计和使用各种不同的教学结构，这些结构会根据学科和教学内容的具体需求而有所不同。

在实际的教学实践中，教师需要依据自己教授的学科特点，将信息科技与课程内容进行深度融合，以此构建出全新的教学模式。这种模式不仅能体现教师的指导作用，也能突出学生的主体地位，形成了一种“主导－主体相结合”的教学形态。这种形态能够催生各种类型和层次的教学模式。

一些典型的实现信息科技与课程内容深度整合的教学模式包括“探究性教学模式”“主题研究教学模式”“仿真实验教学模式”等。“探究性教学模式”适用于各类学科的日常教学，能够深入满足各科知识和情感目标的要求，既适用于理科，也适用于文科。“主题研究教学模式”能培养学生解决实际问题的能力，包括识别问题，提出问题，分析问题和解决问题。“仿真实验教学模式”更适用于物理、化学、生物等科目的实验教学。这些教学模式各具特色，具有自己的实施步骤和方法，能够灵活运用这些教学模式将有助于推进信息科技与课程设计的深度融合。

（五）积极影响

信息技术的飞速发展和科学技术的日新月异，不仅对教育提出了新的要求，还深刻地影响了课程的内容和呈现方式，拓展了课程设计的范畴，使课程更具开放性和个性化。

1. 信息技术极大地拓展了课程的内涵

课程内容不再局限于固定化的形式，而是以信息资源的状态存在。每个个体所获得的英语学习内容是依据原有知识结构和发生的体验形成的。课程内容更符合信息社会文化和人才的要求。

在传统教学模式中，一个课程是由教学大纲（包括教学计划）及对应的教科书构成，课程的执行是教授书中的内容。然而，在现代信息技术的支撑下，课程构成的元素已经极为丰富。除了标准的教学大纲、教学计划和教科书，还包含许多以信息技术为基础的学习和教学资源，如光盘、电视节目、多媒体教学软件、在线课程，以及众多的网络资源等。

得益于网络技术的强大支持和信息共享平台的便利，一方面，教学过程不再受到地域和时间的制约，极大地提高了教学效率和质量。教学内容能够得到实时更新，与时俱进，这对于维持学生的学习兴趣，提高他们的学习效果具有重要作用。另一方面，这种新型的教学方式，也提供了更多的机会和空间，让学生根据自己的学习进度和需求，自主选择学习资源，形成个性化的学习路径。这不仅能更好地激发学生的学习兴趣和主动性，还能更好地提升他们的自主学习能力和创新思维能力。因此，现代信息技术的发展为教学提供了全新的视角和方式，极大地丰富了课程的内容和形式，也为提高教学效果和培养学生的全面素质提供了更多的可能。

2. 信息技术丰富了课程的呈现方式

现代信息技术解决了大数据的记录、存储、传输、显示和加工等问题，多媒体技术将文本、声音、图片、动画、音频和视频等进行有效的整合，使课程以更加丰富和多媒体化的特征呈现。这一特性改变了课程呈现方式单一的局限性，使学习者能够真正实现对信息的多感觉通道加工，有助于学习者建立起对当前信息的准确表征，建立起对当前事物的丰富联系，提高学习者感知、记忆和思维的效果。对于特定的教学内容、教学对象而言，其更为新颖、更为形象和直观的学习材料，还可以有效地激发学习者的学习兴趣和学习动力。

3. 信息技术使个性化的课程成为可能

一方面，信息的高度共享使个体搜索个性化的信息成为可能，也赋予学习者更多选择的机会与权利，使课程可以更好地满足学习者的个性化需要。另一方面，多媒体呈现的学习资源，可以使具有不同认知方式的学生根据自己的特点选择适当的学习方式，特别是一些仿真探索空间、虚拟实验、电子书包等，个别化的程序、过程和进度可以激发所有学生，满足不同学习目的和风格，适应个体的心理和认知需要，也有利于促使学生进行主动性、创造性学习。

二、现代教育技术下的新型高校英语教学模式

在现代教育技术影响下，新型的高等学校英语教学模式理论框架汇聚了多种教育理论和技术，包括多模态、多媒体、多环境理论，计算机技术与英语课程的生态融合，以及建构主义教育理念。这一框架的主要特色是环境的设定与教学结构的转变，重点落在多模态的体验与学习的转化。相较于过去以建构主义理论和计算机辅助语言学习理论为主导的框架，这一新型模式在系统性和细致程度上更胜一筹，对于具体教学模式的构建更具导向性。自从2003年高校英语教学改革的开启，高校英语教学模式改革的研究成了学术领域的热门话题。随着教学内容的不断刷新和更新，教师也需要适应这种变化，不断改进和优化自己的教学方法和模式。

（一）新型高校英语教学模式理论框架的成分

1．多模态、多媒体与多环境理论

（1）多模态。模态是指通过各种感官与外部环境进行交流和互动的方式。当涉及三种或更多的感官进行交互，被称作“多模态”。在这个交互过程中，我们可以将各种模态的信息整合，形成一个完整的感官体验。理论上，我们从多模态中获得的信息和体验会比单一模态更为丰富完整。例如，当我们实际品尝北京烤鸭时，我们的视觉、嗅觉、触觉和味觉都被同时激发，而只看北京烤鸭的照片，我们只能通过视觉感知它。因此，亲口品尝所获得的体验要远比只是看到图片来得丰富和充实。这引申出一个概念，即“模态转换学习过程”，它是指在学习过程中，输入和输出之间发生模态变化的情况。以学生为例，如果要求学生将读到的内容口头复述出来，这就涉及了模态的转换。相反，如果只让学生理解阅读的内容，那么这就是单一模态的学习过程。适度的模态转换可以增强学习者对学习内容的深入理解，使得知识更易于长期记忆。换言之，更丰富的感官体验和更多

的模态转换可以更好地促进学生的学习效果。

（2）多媒体。为了深入理解多媒体的含义，我们需要首先明确两种类型的媒介，即物理媒介和逻辑媒介。物理媒介涉及承载内容或信息的实体载体，如印在纸上的文本、存储在磁带上的录音或光盘中的数据等。逻辑媒介是指编码在物理媒介上的内容或信息的形式，如文字形式的信息、模拟或数字音频流、图像或视频流等。然而，在确定一个素材是否属于多媒体时，我们是根据逻辑媒介的种类作为判断。只要一个素材采用了三种或三种以上的逻辑媒介，我们就称其为多媒体。在这种情况下，尽管文本印在纸张上和声音录制在磁带上的素材各自都只使用了一种逻辑媒介，但仍被认为是单一媒体；但是，如果一个光盘中包含了文字、图片、音频和视频，那么这就是多媒体内容，尽管这些内容全部都是在同一种物理媒介，即光盘上。这样的定义明确了多媒体内容的丰富性，它们可以通过多种逻辑媒介触发更多元化的体验，这正是多模态学习理论所强调的。

（3）多环境。学习环境的类型多样且独特。对在校学生来说，物理空间，如教室、图书馆及自习室等构成了他们的实体学习环境；教育界是通过课程安排、教育理念及教师的授课方式等塑造出知识性的环境；行政环境是由学生事务部门、教务办公室等部门组成；虚拟教学环境是由计算机网络系统建立起来的。这些环境不仅为学生提供了学习的机会，也同时规定了他们的行为范围。例如，图书馆给予学生阅读海量书籍的可能性，但同样也规定了他们在图书馆内的行为及阅读书籍的边界。教师的知识广度也对学生产生影响，他们能够根据学习任务采取有效的教学手段，为学生提供学习的机会。学习是无处不在的，它发生在各种混合环境中。每个环境因素都为学生提供了规定和机会，进而影响他们的学习效果。因此，大学英语教师在设计教学时，应该尽可能地为学生营造出一个能够提供丰富体验和模态转换学习的环境，并充分考虑到各种环境因素，特别是在多种环境下的学习整合模式。这种环境设计将帮助学生提升英语学习的效果和经验。

2. 计算机技术与英语课程的生态化整合理念

英语教学研究近年来对信息技术的重要性给予了极大的关注。传统的英语教学研究范式已经发生了转变，从仅关注理论、方法、课程或教材，转向为理论、方法、技术及课程或教材的综合应用。在这种情况下，我们需要清晰地理解现代教育技术与英语教学之间的关系问题，这变得尤为重要。

目前，广泛接受的观点是将计算机视为辅助语言学习的工具。然而，这种观念存在明显的不足之处。将计算机仅定位为辅助工具会限制其本应发挥的作用。在这种观点下，计算机仅被视为辅助教师的演示工具，教学内容与课本基本一致，学生仍然被看作被灌输知识的对象，同时教学结构仍然是以教师为中心。这种限制严重地影响了计算机在英语教学中的潜力。我们需要将计算机视为英语学习的有机组成部分，而不只是辅助工具。正如没有“书本辅助语言学习”的说法一样，我们也应逐步摒弃“计算机辅助教学”的提法，而将其视为与书本同等重要的语言教学元素。

对于信息技术与各学科教程之间的结合，尤其是语言学习中的应用，我们需要理解其实质。这是一个构建活跃、生动的数字化学习空间的过程，其重点并非单纯地作为教学辅助手段，而是把信息技术的力量渗透到教学活动的每一个角落。通过这种方式，我们能够创建一个全新的教学场景，那里充满了信息和技术，这是教育的新生态。该结合方式的目标是塑造一种创新的教学方式。在这种方式下，教师的作用转变为引导者和指导者，而学生则成为学习过程中的主体，他们在自主、个性化、探索和合作的学习过程中发展自己的能力。这种教学方式有利于充分激发学生的积极性、主动性和创造力，推动传统的教师为中心的教学模式向学生主导的教学模式转变。因此，信息技术与各学科课程的结合，特别体现在以下三个方面：第一，创设一个充满信息和技术的教学环境；第二，实践一种新颖的、更符合现代教育理念的教学方式；第三，倡导一种以学生为主导的教学结构。这种融合的精神和目标都是为了推动英语教育的进步，提供更丰富、更有吸引力的学习体验，并为学生全面的技能和素质的发展铺平道路，使他们在信息化社会中有所作为。

3. 基于建构主义的教学理念

在教育理论的探索过程中，建构主义教学理念与传统的客观主义教学理念常被置于对立面，二者在知识视角、学习认知、教育方法、评估方式，教师与学生的互动方式，日常习惯、价值观，科技利用及教学设计等诸多领域具有深刻的分歧。

基于客观主义哲学理论，传统教育认为知识为固定且客观的存在，其与具体环境并无关联，只是对外界的描述。在此背景下，教育就成了一个知识从教师传递到学生的过程。传统教学理念对知识的过度强调，却对实践技能的培养视而不见。在这种模式下，教师被视为知识的主人和传播者，学生则被视为接受知识的对象。传统教学常见的方法包括一味地灌输式和应试教育，这种形式导致教学方式和方法过于刻板，学生在学习中往往只能被动地接受知识。教育机构的教学模式也大同小异，少有针对学生个体差异而设计的个性化教学。

然而，建构主义教学理念的出现颠覆了这种传统观念。这种理念的源头可以追溯到建构主义哲学家维果茨基、杜威、皮亚杰等的研究，他们强调知识是动态、持续构建的过程。他们认为知识并非外部世界的简单镜像，而是个体通过感知、体验和创造逐渐形成的。在这样的观念下，学习过程被视为知识的构建过程，在特定的环境中，学习者通过提问、探究、创造和协商以满足自身的需求。与传统教学理念的知识至上观相比，建构主义教学理念主张知识与实践的结合，意在培养学生的高阶知识技能和实践能力。在建构主义的教学环境中，教师与学生处于相互主体的地位，且进行双向的互动和对话。

建构主义教学理念提倡“利用科技来学习”，将信息科技视为学习工具。这一理念超越了传统的单一讲授方式，倡导“学习中的示例”“实践中的学习”“探索中的学习”“评估中的学习”等多种学习方式，充分利用学习资源、时空、方式和体验，从而提升教学效果。

根据前期研究，建构主义教学理念与传统教学理念之间存在显著的差异。传统教学理念以客观主义哲学为基础，强调知识的客观性和稳定性，将教与学视为知识的传递过程。这种教学理念偏重于知识的传授，忽视学生的实践能力。教师在这种模式下被视为知识的源泉，学生被动地接受知识。相比之下，建构主义教学理念认为知识是一个不断建构的过程，通过学习者的认知和体验来构建。它鼓励学生主动探索、构建知识，并注重知识与实践的结合。教师在建构主义教学中扮演着引导者和促进者的角色，与学生共同构建意义。另外，建构主义教学模式注重使用信息技术作为学习工具，通过多样化的学习方式丰富学习体验，提高教学效果。

总之，建构主义教学理念与传统教学理念存在明显的差异。建构主义教学强调学生的主动性和实践能力的培养，鼓励学生通过自主探索构建知识。教师在其中起着引导者的作用，与学生共同建构意义。与之相对，传统教学理念注重知识的传授，学生被视为被动接受知识的对象。这两种教学理念对于信息技术的应用也有不同的观点。建构主义教学倾向于将信息技术作为学习工具，通过多样化的学习方式提高教学效果。

（二）新型大学英语教学模式理论框架

1. 学习环境的创设

多模态、多媒体和多环境理论倡导建立一个富有感官体验且能促进学生模态转化学习的教学环境。同时，计算机和英语课程的生态整合理念关注于构建生机勃勃的数字学习环境，进一步支持建构主义的教育原则，强调交流、协商和意义构建。实际上，这三种理论和实践环境并不冲突，反而可以相互支持和协同发展。

在现行的教育实践中，多模态学习一般依赖多媒体资源的使用，而实现这些功能的前提是拥有适合的数字化环境。相对于仅仅依赖计算机科学理论的教学框架，这一整合性的理论框架更具系统性和细致性，这使得由其形成的教学模式具有更强的实际操作性和可证伪性。

此框架在理论层次上具有全面性，即它既包括底层的哲学立场，又涵盖了可被证伪的模态转化学习假设。另外，相较于其他研究中常见的模糊或复杂变量（如自主、互动或计算机辅助等），模态的多样性和转化能力更容易被控制、隔离和量化，使得在设计和实施教学活动时更具可操作性，并在教学实验中提供更直接的验证方式。

然而，我们在根据这个理论框架建立具体的教学模式时，可能会遇到一些挑战。首先，教学模式设计过程中，教师、学生及计算机之间的交互频次可能不够。有些在线教学材料只是简单复制了课本内容，并未让学生真正参与和贡献。

其次，技术环境的不足也是阻碍了教师、学生和计算机之间深度交互的一个重要因素。在此类教学模式下，计算机和网络设备成了必备品，因此如何保证硬件和软件条件的稳定，以及保持系统的稳定运行，也是需要重点关注的问题。

最后，我们必须谈论教师的地位。技术的大量涌入并不能削减教师在教学中的价值。相反，在这个理论背景下，教师是学习社区的核心部分，他们的职责超过了只是计算机的操纵者或网络的维护者的身份。过分依赖于技术有可能使得教学过程只停留在技术表演的水平。这些问题也同样可能出现在以建构主义理论或计算机辅助语言学习理论为基础的教学体系中。因此，所有的大学英语教学机构都需要投入大量的时间、努力和资源，以便在实践中真正实现某种教学理论框架。

通过利用计算机和网络技术，我们能够建立一个全数字化的环境，其中可以有效地收集、处理、整合、存储、传输和利用各种音频和视频资源，从而更自然地推动多模态学习的发展。在某种程度上，全数字化的环境可以看作多模态学习的有力保障。另外，根据建构主义的理念，知识是对个人经验的合理诠释，个体通过与他人协作和协商达成共识，完成知识的社会化建设，这一过程主要通过互动实现。全数字化学习环境利用计算机和网络技术加强了教师和学生，以及学生与学生之间的联系，从而为交流、协商和构建意义提供了有效的环境。

2.教学结构的转变

教学结构的转变正体现了教育领域中多种教学理念的交汇和融合。传统的教学模式将教师置于主导地位，而学生是被动地接受知识。然而，建构主义教学理念的兴起改变了这种格局，强调学生与教师同等重要的主体地位。生态化整合理念强调了学生在计算机与英语课程中的主导地位，与此同时，教师的角色也不可或缺，他们是指引方向和提供支持的主要力量。这种理念有力地倡导了学生为中心的教学模式，而教师负责为学生的学习进程提供导向。同时，多模态、多媒体、多环境的教学理论为我们指出了一个明确的方向，即创造出合适的学习环境对于学生的成长至关重要。在这样的环境中，学生可以通过各种模式进行学习，获取丰富的知识和技能。这个理念进一步强化了学生的主体性，并且暗示了教师的引导者角色。这两种理念虽然从不同的角度出发，但是它们的共同核心都是强调学生的主体性。它们都尊重学生的主体地位，强调学生的主导作用，使学生从被动接受知识变为主动获取知识。除了教师和学生，生态化整合理念和多模态、多媒体、多环境理论还将计算机和网络视为教学结构中的重要元素。在这个信息爆炸的时代，计算机和网络不仅是获取知识的途径，还是分享知识、交流思想的平台。因此，对这两者的重视也反映了现代教学理念的开放性和前瞻性。

3.三种理念本身具有的关系

构建主义的认识论与学习理论为多元化模态、综合性媒体、多环境教育理念及生态整合观提供了深刻的哲学支持。相应地，这些多元化模态、综合性媒体、多环境教育理念和生态整合规则具体化并应用了构建主义的教育理念在新一代教育技术迅猛发展的背景下。另外，生态整合观念与多元化模态、综合性媒体、多环境教育理论均有相互支持与细化的关系。生态化整合思想强化了计算机科技在英语教学中的影响力，因此增强了多元化模态、综合性媒体、多环境教育在英语教学中的应用比重。多元化模态、综合性媒体、多环境教育理论，尤其是模态转化学习的设想，为数码环境下的教育与学习开拓了新的可能性。

在此基础上，我们可以描绘出一种适应现代教育技术发展的创新大学英语教学模式。此模式最为显著的特性是创造理想的学习氛围和改革教学架构。学习氛围是指激发模态转化学习并催生意义建构的数字化场域。在这种新颖的学习群体中，教师、学生及计算机拥有相同的重要性，它们之间可以进行自由的互动。学生通过这样的互动获取丰富的学习经验，同时也有可能进行模态转化学习。这一新颖的教学模式的诞生标志着教育技术的飞跃和教学理念的革新，为学生提供了更加多元化和有效的学习途径。

第二节　基于 ESP 框架的高校英语教学模式

一、ESP 框架的理论内涵

在全球化的背景下，英语作为国际主要通用语言，需要满足各类人员的需要。在此条件下，专门用途英语（English for Specific Purposes，ESP）应运而生，它是一种基于特定行业、特定内容的英语类型。ESP 具有更强的专业性，比较高的实用价值，这与我国高校人才培养的目标具有一致性，因此在 ESP 框架结构下，对高校大学英语教学提出了更高的要求。高校传统的大学英语教学模式很难满足高素质人才培养的需要，教学模式的改革成为必然的趋势，并且改革需要以新的思路为指导，以新的模式为创新，将 ESP 全面融入英语教学中，突出专业性英语人才的培养目标。

ESP 是指专门针对特定目的或特定领域的英语教学，如旅游英语、外贸英语、财经英语、商务英语、工程英语等。该教学理论由英美等国的应用语言学者在 20 世纪 60 年代提出。当时，世界各国正在逐步从第二次世界大战的创伤中恢复过来，全球经济蓬勃发展，科学技术不断进步，国际贸易、金融保险、邮电通信、国际旅游、科技交流等全球范围内的交流变得日益频繁。在这种背景下，英语作为一种国际语言的地位不断加强，成为一种全球通用的语言。然而，由于学习者具有不同的学习目的，因此需要采用不同的教学内容和方法来满足他们的需求。这就需要改革传统的概念，确立新的理念，将英语视为一种交际工具来教学，并培养学生在不同实际环境中应用英语的能力。

随着语言学和教育心理学的进步，人们开始重视学习者的个人需求和兴趣，认识到学习态度和动机对学习效果的重要影响。因此，教学的重点从传统的“教师中心”逐渐转向“学生中心”，最终演变为“学习中心”。这些领域的研究为 ESP 的形成奠定了理论基础。为了满足不同人群学习英语的需求，ESP 迅速兴起。随着学习英语的热潮持续升温，ESP 得到了进一步发展。

ESP 教学关注特定领域的语言需求，帮助学习者掌握与其专业或实际应用相关的英语技能。它强调学习者个性化的学习需求，注重学习者参与和主动性，使学习更有针对性和实践性。通过有针对性的教学内容和任务，学习者能够在实际情境中更好地运用所学的英语技能，提高自己的交际能力。另外，ESP 还注重培养学习者的学习策略，帮助他们有效地获取和应用专业知识，提升学习效果。

总之，ESP 的兴起是为了满足不同人群的英语学习需求，其教学理论和实践基于学习者的个性化需求和兴趣，倡导学生中心的教学方法，并强调实际应用和交际能力的培养。ESP 的发展为广大学习者提供了更有针对性和实用性的英语学习途径。

二、高校英语教学可供参考的 ESP 课程设计模式

（一）语言中心课程设计模式

语言中心课程设计是 ESP 课程建构中最简单的一种方式。这种课程建构模式将“目标需求”的分析结果最大限度地转化为 ESP 课程内容，其主要在目标情境分析和 ESP 课程内容间产生可能的联系。

语言中心课程设计模式首先选择语言理论观和确定学生的目标情境，其次确定目标情境的语言特点，再次创建大纲，之后将设计资料体现到大纲各项中，最后建立评价程序检测大纲各项习得情况。

1. 语言中心的课程设计基础

课程设计需要一定的理论作为基础。一般来说，语言中心课程设计的理论基础包括以下两点。

第一，语言描述即以学习为目的，对语言系统进行分析和描述的一种方法。对 ESP 产生较大影响的有传统语法、结构主义语言学、转换生成语言学、语言变体和语域分析、功能意念语法和话语分析等。

第二，进行理论学习有利于我们更好地理解学习方法，如行为主义理论认知理论、情感因素。但是，我们又不能仅依赖某一种理论，而是要吸取各自的优势，结合教师的经验来选择合适的方法。

语言中心课程设计模式有赖于语言描述和学习理论，但是对这种设计模式影响最大的当属需求分析理论。需求分析理论从学生的角度进行考虑，通过分析与建立不同学习阶段的教学大纲，对教学材料进行设计，最后评估。

2. 语言中心的课程设计缺点

课程设计模式带有一定的定式，但并不是固定不变的。每一种课程设计都需要依据具体的教学情况和教学特点进行调整与变革。语言中心的课程设计模式虽然在 ESP 教学之初得到了穿插，但是随着时代的发展与教学的深入，其也存在一定的缺点。

首先，对目标情境数据以语言为中心进行的分析是非常肤浅的，因为它不能体现学生的实际操作能力。

其次，它缺乏灵活性。这种情况主要是因为一旦对目标情境进行分析就会使课程变得僵化，基本没有考虑到与人类行为相关的冲突与矛盾。除此之外，这种情境也没有考虑到可能出现的关键因素，同时也没有思量最初的分析是否有误。也就是说，语言中心课程设计没有一个反馈的渠道和修正错误的容许范围。

再次，该设计从学生及其需求开始，看似是以学生为中心，实则学生只是一个界定目标情境的手段。在该设计中，教会学生的只是语言中有限的领域，而不是全部的英语。学生在整个过程中只是界定有限领域的一种方法，除此之外不再有任何作用。因此对 ESP 进行需求分析时，每个阶段都必须考虑学生自身的需求。

最后，该设计看起来有着极强的系统性，但操作起来就容易产生一个错误的认识，即学习本身就是系统的一系统化的分析和语言数据会让学生进行系统的学习。事实上，学生的学习是通过将知识的各个单一项融合而创造的有意义的预测系统，但该系统必须是内化产生的系统，不应是外部强加而形成的系统。学生应先使该系统看起来是有意义的。

（二）技能中心课程设计模式

技能中心课程设计概述技能中心课程设计重视学生的主观能动性。从需求分析的角度出发，以技能为核心的课程设计主要有两个作用：第一，使课程设计者发现学生的能力和潜力；第二，为挖掘学生在日标情境中的能力提供依据。可见，该课程设计要比以语言为中心的课程设计更加关注学生。其要体现在三个方面：第一，该设计把语言看作学生大脑加工的过程；第二，该设计尽力探索学生带到课堂的一些积极的因素，而非仅仅停留在学生对知识点“缺省”的消极概念上；第三，该设计不把目标限定在学期学习中。另外，该设计把学生看作语言使用者而非语言的学生。这个过程关注的是语言的使用而不是语言的学习。

（三）学习中心课程设计模式

学习中心课程设计是指将学习作为教学的重点。一般来说，学习中心课程设计模式产生的原因主要包括以下两点。

第一，学习不仅是思维的过程，还是协调个体与社会关系的过程。对于ESP来说，社会为其设定了在目标环境下使用英语的能力，而学生必须竭尽全力来靠近这一目标。在学习过程中，学生自己决定靠近目标的途径和速度。学生不应被动地等待知识的传递，而要主动地学习。但这并不意味着目标不重要，它仍对可能的途径有着决定性作用。

第二，学习中心课程设计模式认为，在教学的整个过程中都需要考虑学生的因素，要看到学习者能力背后的因素，从而提高学生的语言学习和应用能力。具体来说，学习中心课程设计模式重视学生因素的作用需要渗透在以下课程设计因素中，如确认目标情境、分析目标情境、分析学习情境、创建大纲、编写教材、教授教材、评价学生成就等。

1. 学习中心课程设计的原则

每一种课程设计模式由于其侧重点的不同，在设计的过程中都需要遵循具体的原则。学习中心课程设计模式的原则主要有以下两个方面。

第一，学习中心课程设计应是一个协调的过程。ESP 的学习环境和目标环境都对大纲性质、教学材料、教学方法和评价过程有影响，并且每个组成部分也会相互影响。

第二，学习中心课程设计应该是一个动态的过程。这一过程并不是最初分析课程完成之间的线性移动，其需求和资源也会随时间的更替而不断变化，所以这种课程设计需要有一个嵌入式的反馈通道以满足课程的发展需要。

2. 学习中心课程设计的优点

学习中心的课程设计主要有几个优点：第一，这种课程设计认为语言是主动学习的，不局限于语言学习是为了语言的使用；第二，这种课程设计在具体的环节中都考虑到了学生的因素；第三，学习中心课程设计的流程系统性强、逻辑清晰，带有自身完整、科学的反馈系统；第四，学习中心课程设计突出了学生的要求，也体现出了学生的作用，因此能够调动学生学习的积极性；第五，学习中心课程设计的教学过程带有多样性，因此能够激发学生英语学习的兴趣。

随着大学英语教学的发展，使用 ESP 教学模式展开具体教学工作成为时代发展与人才培养的需要。相关教学工作者与课程设计者应该重视 ESP 的影响作用，切实提高了我国学生的英语学习水平与语言使用技能。

三、ESP 框架下的高校英语教学模式改革

针对在大学英语教学中存在的一系列问题，高校提出了基于英语特定目的（ESP）理论的高等教育改革方案。此项创新涵盖了教学模式的各个领域，对高校的教育系统进行了全面的审视和重构。具体来讲，第一，重新定义了教学目标。在这个新的模式中，目标不再仅仅是提高学生的语言技能，而是通过语言技能的提升，增强学生的综合素质，更好地为他们的职业生涯做准备。第二，对英语教材的选择进行了深入研究。高校认识到，传统的教材可能无法满足当前学生的需求。因此，高校寻找那些既有趣又富有挑战性的教材，以激发学生的学习热情和创新思维。第三，改革了课堂教学的方式。以往的教学方式可能让学生感到枯燥乏味，无法激发他们的学习兴趣。因此，应该采用了更多元、更互动的教学方法，以提高学生的参与度和学习效果。第四，对实训环节的安排进行了调整。教学强调在真实环境中应用所学知识，以提高学生的实践能力和解决问题的能力。第五，

修改考核方式，以更准确地反映学生的能力。高校应鼓励学生展示他们的创新思维和批判性思考，而不仅仅是记忆知识。第六，关注师资力量的提升。优秀的教师是提高教学质量的关键，因此高校应该投资于教师培训和专业发展，以确保教师能够适应新的教学模式和方法。总之，基于ESP理论的高校英语教学模式改革是一项全面的改革，旨在提高教学效果，更好地满足学生的需求。

（一）以“需求分析”为基础确定高校英语教学目标

根据以“学习为中心”的ESP理论，在设计和执行大学英语课程时，必须对目标需求及学习需求作出精细的解读。这种策略有助于我们精确定义大学英语教学的主要目标和核心内容，从而为学生在特定情境中的专业交流作出有效的铺垫。深度解读目标情景需求，其本质是深度挖掘和理解学习者在学习过程中对特定目标情景的态度和需求。在这方面，我们可以从以下三个关键领域进行剖析。

第一，理解目标情境需要什么样的知识和技能。即在学生未来需要用英语进行特定活动的情景中，他们需要掌握哪些知识和技能。以商务英语专业为例，学生需要在商务环境中有效地运用英语，这就要求他们对英语基础知识有深入的理解，熟悉商务交流和商务书信、合同等相关术语，理解和运用在这些情境中常见的语言风格和语篇结构，具备电子出单和互联网交易的技能，能够进行国际商务谈判，以及从事涉外商务管理、国际贸易、市场推广等职业。

第二，需要识别学生在目标情境中使用语言的能力和所需能力之间的鸿沟。这主要是对学生现有的语言知识和技能与目标情景所需的语言知识进行对比，识别学生还需学习哪些知识和技能。根据学生的现有水平和课程目标进行课程设计，有助于正确设定学习材料的难度，制定适合学生的教材。

第三，关注学习者自身的需求是关键。学习者对自身需求的认知是至关重要的，因为学习者的学习目标、学习历程、对英语的态度和文化背景等个人因素在课程设计中占有重要地位。有时，学习者的需求可能与目标情景的需求产生冲突，或者目标情景的需求无法满足学生的个人需求。在课程设计过程中，我们需要将学生的需求放在首位，关注他们的个人需求，提高他们的学习动力。

（二）针对学生专业选择和编写高校英语教材

教学资源在教育过程中发挥着重要的作用，其中教材占据着核心地位，因为它们是将教育理念、教学策略、教学方式、学习模型及实践直接联系起来的媒介。教材不仅为教学提供了基础的策略，还被看作教学的关键要素。现代科技的快速进步，尤其是信息技术的发展，使得学生对学习资源的需求日趋多元化。由此，职业教育的教材形态也随之变得更加多元和丰富。在面对多元化需求的同时，也需要调动学生的学习积极性。为了满足这些需求，职业教育教材应针对岗位的英语能力要求进行适当的调整，加大听力和口语教学训练的力度，以增强英语作为交流工具的实用性。教材在内容上也应协调好基础英语和专业英语的关系，以培养学生在听、说、读、写、译五大方面的英语技能和专业英语能力，使英语更具实用价值。

在特定情况下，教师也可以利用现有的教育技术自主开发教材，以更直接和有效地满足学生的需求。高等教育机构的英语教材应该强调实用性，即将英语作为工具，把英语的词汇、语法、听说训练等知识融入专业课程中，从而使英语为专业学习服务。这样的教材将能够真实反映岗位需求的英语知识，为学生进入职场做好充分的准备。

当然，教材编写不仅需要教师的贡献，而且企业的专业人才也具有不可替代的重要性。教师在创作教材的时候，完全可以和企业的专业人才合作，挑选出和专业相关的语境，如在目标职位上经常使用的说明书、技术合同、技术图纸，以及企业自制的专业词汇表等都能够作为教材的重要组成部分。另外，教师还需要根据企业的实际运作情况、产业结构的变化和产品结构的调整，对教学内容进行相应的增加、更新和优化。在此过程中，企业的专业人才可以提供有价值的修改建议，明确学生必须掌握的英语技能，并且删去与实际生产过程中不相符的内容，增添更具有现实意义的先进知识和技术，以此确保教学内容的灵活性和新颖性，进而培养出能够满足岗位需求的学生。

同时，学生的参与也对校本教材的制作和应用至关重要。学生的参与可以激发学生的主观能动性和责任感，使得 ESP 的学习更有针对性和实用性。教师可以引导学生进行对社会需求和职业岗位的研究，分析工作岗位所需的专业能力。同时，我们也要鼓励学生参与到 ESP 校本教材的确定、教学内容的挑选、校本教材的编辑和应用及校本教材的考核等环节。教师、学生、学校资源及校外的行业资源之间需要形成紧密的合作关系。学生在平时的专业课程学习、业余的兼职工作、媒体网络或其他途径，可以收集与 ESP 相关的信息，尤其是已经毕业并在工作中应用到的产品和技术方面的英语素材。他们可以一起讨论并总结专业 ESP 学习的范围和内容。另外，利用现代的信息技术，可以建立一个公共的网络平台，设置电子公告栏，以方便其他专业的教师、已经毕业的学生和行业人士参与到教材的编写中来。教师、企业的专业人才和学生的合作，能使得教材更贴近专业需求和实际应用，这样的合作模式既丰富了教学资源，也提升了教材的质量和实用性，为学生提供了更好的英语学习机会和实践经验。

（三）校内校外实训结合提高学生英语实践运用能力

在语言学的深度研究中发现，只有理论知识的语言学习方式往往会被忘记，因为维持语言技能需要的是持续的实际运用和练习。在掌握语言的过程中，学生不仅需要有能力使用所学的语言，还要能够适应不同的环境，并根据实际需要创造出全新的表达形式。这种能力体现出学生对英语的实际运用能力，也是大学英语教学的最高追求。

大学教育尤其重视“应用性”的教学方法，强调实践性的专业教育训练。通过让学生参与真实的教学活动，并不断进行技能训练，可以增强他们的实践操作技能，从而提升大学毕业生的就业机会。因此，作为一项专业技能和个人素质培养的课程，大学英语教学在教改过程中，需要修正“重理论轻实践”的倾向，实现校内实训与校外实训的有效结合。

据此，高校英语教学应该采取更多的创新措施。例如，提供实践机会，让学生参与实际的语言交流活动，如模拟对话、角色扮演和实地考察。另外，鼓励学生参与社区服务和实习项目，将所学的英语知识应用到真实的工作环境中。通过这些实践机会，学生可以更好地掌握实际运用英语的技巧，并增强他们的自信心。

（四）建立科学合理的评价与考核体系

为了改善高校英语教学效果，提高学生在就业中的适应能力，我们需要更多的关注学生对英语知识和技能的应用能力，而不只是局限于考试分数。评估高校学生的英语水平应该逐渐转向全面评价他们的应用能力，而非仅使通过传统的卷面测试。

我们需要推行多元化的英语就业能力考评方式，突破传统的单一笔试成绩评定模式，强调听、说、读、写、译综合能力的考核。这样的综合评估方法可以使学生更加注重语言运用能力的培养，从而摆脱应试学习模式的限制。英语课程可以借鉴其他学科的评估形式，如设计项目、实际训练和技能考核等，全面评估学生的综合素质。通过这样的评估方式，可以真实地反映出每位学生掌握技能的能力和学习效果，从而推动提高教学质量的目标。

重要的是，我们要关注学生在实际操作中的英语技能掌握程度，以及社会对高校毕业生应用能力的认可程度。这意味着需要将英语教学目标定位于学生的实际需求，培养他们在职场中所需的交流和应用能力。因而，学生将更好地适应职业发展的挑战，并取得更好的就业机会。

因此，我们必须更新高校英语考核方式，更加强调学生的实际应用能力。这种评价方法将促使学生注重提升语言应用能力，使他们能够真正地运用英语来解决实际问题。这种改革将有助于培养学生的综合素质和实际操作技能，进而得到社会的认可和赞赏。

1. 针对英语基础知识和应用能力进行考核

在当前的高等教育体系中，英语学科的评估依赖于期末闭卷考试，并将学生的出勤率、课堂行为、单词听写能力、日常作业和语言技能等因素纳入平时成绩。但是，为了推动全面的教育质量，我们需要对英语学科的评估标准进行创新。评估范围应该扩展到包括语言理解、语言应用能力、学习心态、学习策略及学习习惯等多元化方面，而不只是聚焦于知识的积累。

评估不应只限于对基础知识的测验，我们同样需要重视学生的实践运用能力。我们可以通过常规的专业技能测试来衡量学生对英语使用技巧的熟练程度。这些考试可以以诵读、交谈、表演、口译、讨论和比赛等形式进行，并能够根据课堂教学的需要进行调整，实时评估学生的学习情况。例如，我们可以在每次课开始的前 10 分钟进行听力测试，老师播放预先准备的简短文章或对话，学生则完成相关的填空或选择题。然后，我们可以利用语言学习平台来记录这些成绩，并计算每个学生的学期听力平均分，再按照某种比例计入总评分。这是一种创新的评估方法，旨在提高学生的语言技能和应用能力。

评估学生的口语技巧主要通过两种方式来进行，一种方式是课堂互动活动，另一种方式是期末口头报告。课堂互动活动多种多样，如回答教师提出的问题、参加有导向的群体讨论、分享个人见解或者是朗读教师精心选择的文本。阅读评估部分，除了从课本中选取部分内容进行考核，教师还会挑选一些广泛的主题、知识丰富又富有趣味性的文章，以此衡量学生的阅读能力。另外，写作评估则更加注重学生的平时作业，教师会根据课程内容或是自选的主题为学生布置写作任务，并对这些作业进行细致的评阅。同时，教师会鼓励学生主动接受一些额外的写作挑战，如编写英语周记、设计英语海报、撰写通知、编制便条、创建个人简历或者制作广告等，这些都将以内容质量和完成次数作为标准进行评分。

除此之外，我们还建议设立一个学生的常规评估档案，由教师进行监管和保存，这个档案将作为课程评估的重要组成部分。如果学生参与了学校内外的各类英语听说技能竞赛，他们的成绩可以被分类记录，并纳入教学评估中。最后，期末时将综合考虑学生在所有应用技能上的表现，以此来决定他们的最终成绩，这个成绩会按照一定比例来进行计算。

2. 结合专业特色和目标岗位需求进行考核

针对学生的专业背景，我们可以动态调整英语听力、口语、阅读、写作和翻译的评估标准，以专注于提升对应职业类别所需的英语技能。英语教育者应在常规教学中加入特别的训练环节，融入专业元素和职业需求。例如，他们可以利用产品用户手册、商务通信、广告文案、设备操作指南及角色扮演等教学内容，使学生更加重视英语的学习，并更全面地考察他们的英语综合素质。

与专业课程教师或行业专家的协同工作也是十分有效的方法。可以设计出专为 ESP 教学使用的试题库，让学生随机选择一段英文材料，然后根据实际操作进行模拟评估。这种方式能更好地将学习、应用和考核三个环节紧密地连接在一起，更加符合高等教育 ESP 教学的实用性原则。根据评估结果，对学生进行奖励和惩罚，并相应地优化英语教学策略。

在学生进行实际训练时，企业和学校都需要全方位地评估学生的英语能力和实际操作技能。在学期终评时，教师可以将这些评估结果按照一定的比例计入学生的能力考核成绩。另外，还可以根据企业对职位英语能力的具体要求，举行考试，主要评价学生的实用能力，强调英语的应用性，帮助学生找出自身的不足。这种方式能激发学生更深入的学习，提升他们在无外部帮助的情况下，通过自主学习或团队协作解决真实工作场景问题的能力，从而增强他们的就业竞争力。通过企业与学校共同参与的考核方式，能最好地展示出专业英语理论对高校英语教学的导向性和适应性。这种评估结果将成为大学生在就业和入职前展示自身英语应用能力水平的有力证据。

3. 结合英语等级证书和职业英语技能证书进行考核

在现代的高等教育领域，英语教育的核心目标是使学生熟练掌握并实践应用英语，这是为了满足职业市场对英语技能的需求。为此，教育工作者和学生需要认识并适应这一需求，根据实用性和足够使用的标准来设计与实施教学计划。重要的一点是要在英语等级考试和英语技能学习之间找到平衡，同时寻求扩大英语等级考试的参考范围。

目前，英语应用能力等级证书被许多高等学府视为评估学生英语技能的主要标准，特别是针对那些缺乏实际工作经验的学生。许多学校使用该证书作为 B 级或三级等级的参考，并将其作为课程结束后的成绩计分，如果学生在完成课程之前已经获得这种证书，说明其已经达到了社会对英语技能的要求，那么他们可以提前结束课程学习。然而，除了这种普遍的英语技能等级证书，各个行业还有自己独特且适应性强的专业英语技能证书。这些证书可以用来评估高校生的专业技能和能力。如果学生在找工作时拥有这样的专业证书，将会增强他们的专业素质和说服力。因此，在高校的英语教学中，我们鼓励学生根据他们的专业领域获得相应的专业英语技能证书，如通过剑桥商务英语等级考试（BEC）或金融专业英语证书考试（FELT)。这些证书也可以被视为完成该课程的证明。另外，我们也非常鼓励学生能够进一步提升他们的英语听、说、读、写和译等应用技能，以便他们能够在英语学习上达到更高的水平。对于那些成绩优秀的学生，我们会给予他们相应的奖励。这种做法可以极大地激励学生的学习积极性，有助于培养出更多的高水平英语技能人才。

（五）联合学校与企业加强师资力量的建设

1. 大力培养双师型教师

为了真正将工学理念融入高中英语教学中，教师首先需要将他们自身的技术和教学知识融为一体，这样才能有效地传授专业知识，并凭借丰富的实践经验使学生深刻理解并领略到实践教学的独特魅力和其关键性。这意味着英语教师需要主动投身于各类生产活动之中。例如，他们可以深入了解国际贸易、旅游、数控技术、机械等领域的实际工作流程和生产环境，这样就可以极大地增强他们的实践技能，以满足高校对应用技术人才培养的特殊需求。

语言学院应充分发挥其内部优势，并积极利用外部资源，构建出能够适应其复合型人才培养需求的教师队伍。在实施这一策略时，学院可以采用利用现有教师进行培训的方式，选拔一批具有深厚语言功底和敬业精神的英语教师，让他们通过进修或旁听其他课程增强他们的专业知识，并鼓励他们获取相关的职业资格证书。这样的策略不仅有助于提升英语教师的“双师”素质，还可以培养出一批具有专业知识的英语教师。同时，多层次的培训也具有关键性的价值，它能帮助教师提高他们的学历，更新他们的知识，以及提升他们的专业理论和实践能力。

另外，校企联合也是一个重要途径，通过创建实践和实习基地，将学校与企业联系起来，落实实践环节的教学。这使得教师有机会参观和实践企业，参与企业的经营管理等活动。同时，还应组织教师参观考察企业，并参与见习和顶岗锻炼等活动。学校应积极鼓励教师到企业挂职锻炼，承担科研项目，参与技术革新和改造。另外，还应积极鼓励教师参与教学改革和教材编写等工作，通过多种形式和手段促使教师提升业务水平和教学水平。教师在带领实习和参与企业的科研攻关等活动中可以及时发现学校教育中的偏差，从而调整课程设置和教学安排以适应用人单位的需求。例如，我们可以组织教师参观各公司或企业，使他们能与企业管理人员进行交流和互相学习，深入了解企业的实际情况，这对实践教学非常有利。

2. 积极引进企业优秀人才

为改善高校英语教师队伍的构成，除了招聘具有丰富实践经验的专职英语教师，从企业和涉外行业引入兼职英语教师也是一项重要举措。这可以积极吸引专家、学者和经验丰富的企业家充当兼职教师，或者将高级商务人员和管理人员聘为学校的客座讲师及教授，以解决高校英语教师队伍紧缺的问题。这样的举措有助于拓宽教师来源，引进行业内经验丰富的专业人士。其中一种可行的方法是邀请知名企业高层管理人员来学院进行讲课。另外，随着行业竞争的加剧，许多在英语应用能力方面表现出色的企业界人士正面临重新就业的挑战，对于他们来说，高等院校具有很大的吸引力。因此，高校可以从行业中吸纳具备高水平英语能力和丰富工作经验的人才加入英语教师队伍，从而改变目前教师队伍在知识结构和学历结构方面的现状，纠正重视理论而忽视实践的错误倾向。

第三节 跨文化背景下的高校英语教学模式

面对高校英语教学的困境，社会和时代发展对于跨文化交际人才的需要和高校英语教学承担的培养具有跨文化交际能力人才的责任，构建新型的高校英语教学模式成为必然。在对这一“必然”的思考和探索中，本节基于对跨文化传播及高校英语教学相关理论和概念的梳理，以及对高校英语教学的现状和问题的分析，尝试从跨文化传播的视角构建以培养学习者跨文化交际能力为主要目标的跨文化高校英语教学模式。

一、关于英语教学中跨文化交际的思考

（一）开展跨文化英语教学的原因所在

文化与交际息息相关，无处不在。交际作为人类活动的基础之一，与文化形成了密不可分的关系。事实上，交际是文化的延伸，而文化是交际过程中所产生的信息。跨文化交际是指不同地域文化间的人们进行交际的过程。在这种交际中，虽然双方在语言和文化背景上存在差异，但是仍需要进行交流。换言之，跨文化交际涉及个体或群体与具备不同语言和文化背景的人相处时需要注意的问题，如何实现有效的沟通和交流。有效地交际是信息传递者和接收者能够相互理解的前提条件。然而，由于不同文化背景的人对相同信息的理解可能存在差异，实现有效沟通就变得更具挑战性。在这种情况下，只有交际双方在了解彼此的风俗习惯、思维方式和价值观的基础上，站在对方的角度思考，并进行信息输出，才能达到跨文化交际的预期效果。

（二）当前跨文化英语教学的现状分析

学生学习英语的主要目标是为了掌握交际技巧，以便更好地参与跨文化交流并在国际领域进行交流。为了实现这一目标，大多数学校都认为跨文化英语教学

必须包含文化教育，因为缺乏语言和文化的结合就像没有血肉的空壳，将失去原本的意义。然而，对当前跨文化英语教学实施现状的分析表明，许多教师存在认知偏差，他们在语言文化应用方面存在片面化的问题，且缺乏文化内容导致学生的文化认同感不强，英语交际也存在表达上的问题，对学生自主学习能力的发展造成一定的影响。

具体而言，尽管当前使用的英语教材将英语基础知识和英语文化有机融合在一起，但对于不同民族和语言环境下产生的不同文化类型，缺乏具体的解释和研究。学生在理解英语文化知识时，无法深入了解知识背后的文化内涵。在跨文化交际的语境中，经常出现表达不当的问题，从而降低了学生主动表达的欲望。与此同时，教师在培养学生自主学习能力方面采取的教学活动方式单一。面对学生学业考试和就业压力，教师开展的教学活动往往过于注重目标导向，教学手段相对简单直接，主要着重讲解语法和语用知识，而忽视了对跨文化内容的挖掘。因此导致学生的英语学习变成了对语言的记忆或者仅仅是为了应付英语考试，学习过程显得枯燥乏味，学生的英语学习积极性也随之降低。

（三）跨文化交际背景下高校英语教学模式的问题

1. 理念老化

在高校英语教学中，先进的意识和相应的理念是发展的基础。传统的英语教学模式中，教师主导讲课，学生被动听讲，导致学生缺乏兴趣，对英语学习感到厌倦，同时教师也难以保持教学激情。另外，纯理论知识的学习无法应用于实际情境，导致学生多年的学习时间和精力浪费，培养出的学生缺乏个性，只擅长死记硬背单词，而无法运用于实际交流中。针对这种情况，我们需要转变教学模式。不再是教师上台讲，学生坐在下面听的模式，而是采取积极引导学生参与教学过程的模式。这种新的教学理念强调学生的主动性和参与度，使学生在英语学习中更感兴趣，激发他们的学习热情。同时，将理论知识与实际运用相结合，帮助学生将所学知识应用于实际语境中。这样，学生不仅能够避免时间和精力的浪费，还能培养出具备实际沟通能力的英语学习者。因此，在高校英语跨文化交际教学中，我们需要运用先进的教学理念，摒弃传统的不良教学方式，鼓励学生积极参与，培养他们的实际语言运用能力，从而提高英语学习的效果。这样的改变不仅能够降低学生的学习厌倦感，也能够激发教师的教学激情，促进整个教学环境的积极变革。

2. 教师理论知识多于实践经验

大学教师在跨文化交际背景下的教学需要不只是依靠教学经验和能力，还需要具备一定的交际经验。他们应该知道在何时以何种方式进行表达，不能仅仅依赖教科书，而应根据自己的理解进行教学。教师需要了解课本中句子和课文的使用方法，只有将跨文化交际的知识与英语知识结合起来，才能帮助学生更好地运用英语，在跨文化交际中展示独特的风采。虽然许多教师重视跨文化交际下的英语教学，但他们缺乏对相关知识和体系的完整认知。仅仅依靠个人经验进行跨文化交际下的英语教学是不完善的。

3. 理论未能联系实际

在现代教育环境中，高校英语教学似乎过分强调对理论性知识的掌握，包括词汇学习、语法讲解及句子结构的训练。然而，在这一过程中，教师忽视了文化多元化对于听力、口语及交际技巧训练的重要影响。教育的目标应该是将理论知识与实践技能相结合，然而当前的情况却表明，这两者在很多情况下并没有得到有效的结合。由于缺少实践环境，学生的跨文化交际能力无法得到有效的提升，也就无法提高他们的跨文化交际素质。当前，英语教师在提供具有跨文化交际价值的实践英语学习环境方面，似乎显得力不从心。这种现象导致了“哑巴式”英语教学模式的出现，并且这一问题难以从根本上得到解决。由于缺乏有效的交际实践，学生在成为具有国际化视野的英语使用者方面的发展受到了限制。教师需要意识到，教育不仅是传授理论知识，更重要的是通过实践让学生掌握应用这些知识的能力，这样才能培养出真正具有国际竞争力的英语人才。

二、跨文化视角下高校英语教学模式的创新构建

（一）科学设定教学目标

我国高校英语教学目前侧重于培养学生的阅读和写作能力，而忽视了英语交际能力和关键素养的培养，导致学生英语表达能力不足。为改善这种现状，教师需要设定科学的教学目标并切实实施。教师应注重培养学生的英语交际能力，采

用实践教学形式，提高学生的英语交流能力。同时，教师也应注重学生的语音、词汇和语用等关键素养，通过构建英语情境，纠正学生的语音错误，扩充词汇量，改进语言运用能力，提升学生的英语感知和理解能力。这样，可以在科学的教学目标指导下，有效促进高校英语教学模式的跨文化创新。

（二）合理优化教材内容

高校英语教材对学生学习的影响巨大，因此编写时必须充分考虑语言文化和文字内涵，确保教材高质量。跨文化视角下，需满足学生对语言环境的需求，引入中西方文化对比，以客观视角促使学生理解不同文化。同时，教材编排应顺序由易到难、由表到里，尊重文化差异，让学生享受学习英语的乐趣。人文文化也应融入教材，提升学生的人文素养，全面促进学生学习质量和综合素养。

（三）引入模块教学理论

在高校英语教学中，教师正在积极引入模块化教学理论和方法，以促进理论教学与实践教学的深度结合，从而有效培养学生的跨文化交际能力。模块化教学的引入可以分为以下两个部分。

第一，教师设计了一个跨文化交际知识模块，其中包含了外国语言文化的相关知识。这个模块覆盖了外国主流文化、宗教习俗及语言习惯等内容。为了拓展学生的知识，教师采用了网络教学方式。通过网络视频、网络媒体等途径，学生可以深入了解外国语言文化。通过这个教学模块的学习，学生能够全面而深入地了解外国语言文化，为跨文化交际能力的培养奠定了坚实基础。

第二，教师设计了一个跨文化交际实践模块，其中包含了英语的实践应用技能。这个模块旨在教授学生如何更好地运用英语进行实践交流。为了实现这一目标，教师采用了实践教学方式。通过创建英语实践交流情境，教师帮助学生锻炼自身的英语交际能力。同时，教师也积极组织学生与外国友人进行面对面实践交流，以提升学生的跨文化交际能力。

通过引入这些教学模块，高校英语教学模式得到了有效的创新和改进。教师以模块化教学理论为指导，将理论教学与实践教学紧密结合，为学生提供了更多元化、互动性强的学习方式。这种创新方法的应用不仅拓宽了学生的知识领域，还增强了他们的实践能力和跨文化交际技能。这种教学模式的引入使得英语教学更加生动有趣，激发了学生的学习兴趣和参与度，为培养具有全球视野和跨文化交际能力的英语人才奠定了坚实基础。

（四）创新课程教学方法

在跨文化的背景下，高校英语教师积极创新课程教学方法是提高学生跨文化交际能力的关键手段，同时也是推动高校英语教学模式创新的主要途径。在实践教学中，教师可以从以下三个方面进行方法创新。

第一，教师应积极尝试案例教学法和情境教学法，跳出传统教学思维的束缚，注重学生的主体地位。通过引入真实的案例和情境，教师可以激发学生对英语学习的兴趣，提高他们的学习质量，并促进他们的跨文化交际能力的提升。通过案例讨论和情境感知，学生能够运用英语知识解决实际问题，增强他们的综合能力和创造力。

第二，教师应积极引入现代化的教学技术，如微课和慕课平台等，以拓宽学生的学习视野和提升他们的学习效果。通过利用这些技术，教师可以为学生提供更多样化和丰富的教学资源，如视频、音频、互动模拟等，以满足不同学生的学习需求。这种技术的应用可以增强学生对英语知识的理解和运用能力，培养他们在跨文化交际中的自信心和实践能力。

第三，教师可以积极开展任务型教学，鼓励学生以小组为单位进行自主思考、合作讨论和总结交流。通过分配具体任务和角色，教师可以引导学生在真实场景中进行英语交际，从而提升他们的交际能力和解决问题的能力。这种任务型教学方法可以培养学生的团队合作意识和跨文化沟通技巧，使他们能够更好地适应国际化的社会环境。

通过上述创新教学方法的实践，可以有效推动教学模式的创新。除了创新课程教学方法，提升教师的教学素养也是至关重要的。教师作为学生学习的引导者和组织者，其教学素养的高低直接影响学生的学习质量，也直接影响教学模式的创新方向。因此，高校在推动英语教学模式创新时，应注重提升教师的教学素养。可以组织教师参加海外培训，让他们接触到最新的教学理念和方法，或者高薪聘请高素质的教学人才，建立一支高素质的教师队伍，全面促进高校英语教学质量和学生跨文化交际能力的提升。通过这些举措，高校可以不断创新英语教学模式，培养具备国际竞争力的人才，为跨文化交际的需求提供有力支持。

第五章　新形势下高校英语教学模式的应用现状

本章节内容为新形势下高校英语教学模式的应用现状，分为四部分内容，依次是“金课”建设对高校英语教学模式的新要求、信息技术环境下的高校英语教学、ESP 框架下的高校英语课程构建与发展、跨文化背景下的高校英语课程构建与发展。

第一节　“金课”建设对高校英语教学模式的新要求

在 2018 年召开的新时代全国高等学校本科教育工作会议上，教育部部长陈宝生首次提出了“金课”的概念，他将“金课”定义为具有深度、难度和挑战性的实验教学模式设计。近年来，高等教育改革中的热门话题是如何提高课程质量，淘汰低质量课程，打造高质量课程，这已成为当前高等教育界的共识。目前，我国主要的五种“金课”展现方式包括线上、线下、混合式、虚拟仿真和社会实践。“金课”概念的引入使得教师开始忙碌起来，课堂也变得更加生动活泼，学生也在其中获得了更多的收益，这种积极的循环不断推动着课程教学质量的提高。

一、高校英语“金课”建设标准

如果我国高校想要将英语教学打造成“金课”，必须要作出一定的努力，从具体上来讲需要高校需要做到两个方面：一方面是重视课堂教学过程，另一方面是关注教学活动。

（一）良好的高校英语课堂环境和师生关系

课堂教学活动的成功取决于学生和教师之间的良好互动和紧密合作，因此建立良好的师生关系是至关重要的。只有深入了解学生的英语学习情况和动机，才能够制订适合个体的教学方案。同时，了解学生在学习和生活中遇到的问题，才能够真正帮助他们克服困难，取得更好的成绩。教师应该成为学生的学习榜样，不仅在教学和学习过程中，而且在日常生活中，教师的个人魅力也会对学生的学习态度和动机产生深远的影响。优秀的教师能够成为学生的榜样，对学生的未来产生长远影响。教师必须营造一个优质的学习环境，包括课堂教学和课后的交流互动，确保学生的学习效果。“金课”应该是一个充满活力的场所，教师应该充满激情地投入高校英语的课堂教学中，学生应该积极主动地参与到教学活动中，他们应该充满激情，愿意学习。师生之间的良好互动和沟通是建立优秀教育环境的关键。

（二）明确的教学目标和评估系统

明确的教学目标是推动教学活动的核心，且完善的评估机制是确保教学活动成功的重要保证。学生需要对本次课程的教学目标有明确的了解，才能够有效地掌握所需的知识点，从而达到理想的学习效果，而这一点不仅是教师需要明确的，也是学生需要认真思考和理解的。一位优秀的教师能够根据学生的反馈了解他们当前的英语学习水平，并据此不断调整教学目标，以及与之相关的教学策略和活动。同时，教学活动的设计必须紧密围绕着教学目标展开，并且评估系统必须与教学目标和活动相适应。如果教学活动和评价方式与教学目标不一致，那么学习者将会感到迷茫和无助，无法达到预期的学习效果。

（三）引用前沿的教学内容

随着社会不断发展，科技不断进步，人们所处的时代也在不断前进，这就要求教师必须紧跟时代步伐、不断更新教学内容、注入新的元素，从而提升高校英语课堂教学的前沿性和时代感。网络时代的到来为教师和学生带来了许多方便，他们可以通过网络资源进行更加高效地学习和教学，但同时也给教师带来了一定的压力。因此，在新时代，教师的专业基础知识必须更加扎实，熟知高校英语学科的最新研究成果和最新理论，对高校英语课程未来的发展方向应有清晰的认识，以更高的层次、更深的层次和更广泛的视角阐述高校英语课程，建立高校英语课堂的核心体系，帮助学生形成自己的知识体系。就高校英语教学而言，教师在选择教学内容时，应充分考虑学生的未来发展，不应当将其局限于教材知识点，而应当在教授学生基础知识的同时，将更多的精力放在学生思维能力、分析解决问题能力等综合素质培养上，使学生逐渐养成自主学习的习惯，从而为学生未来的职业生涯发展奠定良好的基础。

（四）运用先进的教学方法

“00后”高校生是在科技进步的推动下成长的一代，他们熟练掌握各种信息化工具，因此教师需要精心设计课程，注重信息化时代的特点，同时还需要加强对教学过程的监督和管理。要实现有效的教学方法，必须有先进的教学手段作为前提条件。教师在课堂中的作用是引导和组织，而学生则是真正的参与者，因此在设计先进的教学方法时，必须紧密围绕这一核心理念，以学生的积极参与和互动交流为基础，创造出富有活力的课堂教学活动和策略。先进的教学方法必须紧跟时代发展的要求，适应环境和时代的变化，体现高校英语教学的独特特色。在“金课”建设中，教学方法的先进性是不可或缺的标准之一。

二、“金课”建设对高校英语混合式教学模式的新要求

（一）使学生树立主动学习的意识

在现代教育理念下，学生才是教育主体，因此，在依托“金课”打造高校英语混合式教学模式过程中，教师应把学生放在教学核心位置，秉承以生为本的理念。要想充分地体现出学生作为教学的中心，就必须先帮助他们建立起主动学习意识，让他们由之前的被动式学习变为主动式学习，也唯有这样立足于主观意识方面进行突破才能够为“金课”建设打下基础。在高校英语这门学科的教学过程中，老师可以采用线上自主学习，线下翻转课堂及线上重温内化的方式，让学生在课前线上完成差异化学习任务，课上老师与学生一起讨论难点与疑点，课下完成线上相关习题，帮助学生建立主动学习意识。

另外，老师更应该给学生以鼓励，让他们深刻地体会到语言的学习是个持续的积累过程，需要持之以恒才能实现质的飞跃。与此同时，教师在教学时还可以

采取各种形式奖励学生，如对于答题较为肯定的学生可以采取加分方式提高他们平时的成绩分。

（二）教师积极提升教学能力

为了依托“金课”打造高校英语混合式的教学模式，就必须要求教师积极提高教学能力，全面改变自己在教学模式中所起到的作用，从过去灌输式向引导式转变，借助现代化教学理论进行教学。与此同时，高校英语教师还应该积极主动地参与到一些英语教学竞赛中去，如微课比赛、高校教师教学技能大赛等，循序渐进地提高自己的教学能力与水平。各院校可以依托“金课”建设举办系列座谈会、研讨会等活动，由有经验的老师在会议上交流教学技巧、教学心得等，由对互联网信息技术运用比较娴熟的老师在会议中交流教学课件制作、相关软件应用等方面的操作技能和体会，从而推动教师综合教学能力整体提高。

（三）基于“金课”要求进行课程设计

课程设计是打造基于“金课”混合式教学模式中的关键节点，根据“金课”混合式教学的内在要求，教师课前需精心准备课程，针对差异化课程环节，设计多样化教学形式。高校英语的课程教学过程中多数采用大班授课的方式，导致课程进行起来难度比较大，而且还要求老师备课要更加严格，与此同时知识导入环节往往会出现学生回答问题不够主动，讨论不够积极的情况。针对这一问题，老师可在课程的备课和设计环节中适当加入小游戏。

（四）线上与线下融合

教学信息技术的不断发展，有效地促进了教育改革，给教学模式创新提供了很多可能性，教师在打造以“金课”为基础的大学英语混合式教学模式过程中，应加强信息技术的应用。高校教师可以将学习资源发布到网络平台中，让学生借助相关平台学习英语，没有时空限制。例如，教师可以依托翻转校园，翻转英语小程序，将线上教学与线下教学互相结合，从而改变学生的学习方式，有利于学生形成自主学习的良好习惯。同时这些网络教学平台也可以对英语教学进行测试、反馈及监督服务，从而促进教学质量的逐渐提高。

（五）课内教学和课外教学相结合

保持课内教学与课外教学有机结合，有利于拓展高校英语教学时空，循序渐进地提高教学综合水平及发展学生人文素养与综合素养。教师可以先将学生分成小组，然后再进行实际教学活动，能为课内外小组活动打下基础。课内教学活动的重点是激发学生学习兴趣，检测并指导学生学习，把学生置于核心地位来展开系列教学活动，教师根据学生课堂上表现来了解学生学习情况，同时根据相关考核标准来量化平时成绩等。要促进学生英语学习效果的提高，除搞好课内教学外，还必须开展一定数量的课外教学工作，课外教学主要是为学生提供个性化课外辅导。高校英语大多以大班授课为主，再加上近几年他们的学时被压缩，所以老师不可能上课回答所有同学的提问，针对这些提问没能上课解决的同学，老师有必要进行个性化课外辅导。

三、金课建设对高校英语有效教学模式的新要求

（一）树立金课理念

为了有效地加强金课建设，首先，我们需要改变老师对于金课的理解，老师应该清楚地知道，对于学生来说金课不是一种变革，而对于自身教学方式来说金课是一种变革。教师在平时英语教学中要总结经验、统一认识、转变思想观念、领悟金课的真谛。其次，教师在课堂中应该把学生当作主体对待，所有教学活动的宗旨应该是以学生为中心，按照学生的需求进行相关的教学工作。最后，与义务教育不同，高职教学应给学生适当加压并对其提出较高要求，老师不仅要以金课形式来提高自我，更要使金课真正发挥作用。

（二）提升授课能力

作为金课实施者和教授者的教师，在授课过程中既要营造金课授课环境，又要向学生有效传递金课理念，从而有效开展金课教学。高校英语教师在教学过程中不应该只考虑知识传授，更应该考虑学生有没有独立解决英语问题。对学生来说，文化课学习是对他们将来就业和自己专业技能起作用。所以教师在构建金课时必须考虑学生英语知识运用情况和学生是否能独立解决与英语学习有关的问题等。

（三）构建金课体系

教师在高校英语教学中要建设清晰的金课，在此基础上进行相关教学。教师应该清楚地认识到金课是以促进学生将来就业能力和实践能力为主线，所以在构建金课体系中，应该以培养学生专业能力为首要目标、以培养学生英语基础为主线、开展教学。在建构金课体系的同时，还应兼顾课本上的知识，教学既要以课本上的知识为中心，又要确保学生实践能力的培养，把英语教材和学生专业课有机地融合在一起，设计出实际可利用的教学模式。

（四）配套金课资源

教师应该清楚地认识到，金课的实施不只是体现在课堂上，在课堂之外的业余时间还应该给学生提供足够多的学习机会。教师在英语教学中应适当强化网络信息技术，借助网络信息技术，课下解答学生疑惑，并借助网络平台向学生布置作业或预习任务，从而提升课堂教学质量。另外，学校还应购置先进的多媒体设备并把陈旧的一体机和投影仪更换为可交互式多媒体，以便提高教师和学生在课堂中交流状态。

另外，还应为学生和教师建立英语资源库并对学生和教师免费开放，学生或教师可通过个人信息直接登录数据库检索到想要知道的信息，从而提高了教师教学效率和学生学习效率，突破了传统课堂教学局限。

（五）改革教学内容

在进行教学活动中，教师应当对课堂教学内容进行严格把关，围绕教材内容进行多元化教学，紧贴现实，并兼顾学生专业技能和实践能力等因素，针对学生开展不一样的教学活动。另外，老师还应结合时下社会发展情况，开展相关拓展教学，保证学生可以把英语知识运用到当前社会环境之中，并在踏入社会后第一时间通过更高水平的英语运用来提升其人才市场地位。除此之外，上课时，还要尽量避免对学生教授重复知识，保证每一个知识点都有新意。

（六）创新教学方法

在目前网络信息技术比较发达的情况下，教师可以借助网络信息技术丰富教学手段。教师在进行教学时，应该充分地利用网络信息技术，借助网络平台向学生开展较为多元化的教学方式来激发学生的学习兴趣，与此同时还可以使学生较早地接触到就业环境，以免学生在走向社会之后对于当前信息化时代感到不适应。

（七）构建科学的考核方式

高校英语教学考核应以学生应用能力为主，教师可搭建模拟职场或沟通环境供学生用英语进行沟通，并通过学生运用英语来考核他们英语水平。另外，评价不应该仅仅停留在期末考试，还应该在平时的学习中以英语对话来对学生英语水平进行评价。

四、金课建设对其他高校英语教学模式的新要求

（一）对以学生自主学习为主的学习模式的新要求

教育部要求金课课程必须具备一定的难度，需要学生和老师共同努力，方可获得收获。在高校英语教学中，除了课程设置和教材难度等方面，学生自主学习模式的培养和指导也是挑战度的重要体现。在高校学生中，英语学习的需求各不相同，因此高校英语课程的一个显著特点是需要提供个性化的学习指导，以满足学生的自主学习需求。谈到学生自主学习，不可避免地涉及网络平台作为重要的媒介和工具。现代技术的飞速发展和网络时代的到来，为学生提供了一个优越的学习环境，各大高校网络平台的建设更是为学生的自主学习提供了有力的支持。

然而，在实践中发现，学生自主学习存在诸多问题，需要寻找解决途径，其中主要表现为缺乏监督导致的懒散、自主学习任务占用过多业余时间及缺乏兴趣等。这些困难的出现是自主学习模式发展过程中的必然结果，而如何应对这些问题是自主学习模式进一步完善的关键，对学生和教师来说，这是一项重大挑战。

为了使自主学习模式发挥最佳效果，需要做到以下几点：首先，高校英语教师必须在布置任务时考虑任务完成所需的时间，并将其限制在合理的范围内；其次，还需根据不同班级学生的层次和需求，对任务进行差异化设置；最后，定期检查和监督学生的任务完成情况，不能完全依靠学生自我监督。

（二）对实践过程性评估为主的评估模式的新要求

在建立学生自主学习模式的过程中，同时也提出了对于新型评估模式的要求，

以确保其有效性和实用性。在这一背景下，如何构建出一个有效的评估体系就显得尤为重要了。随着学生自主学习为主的学习模式的确立，传统的高校英语评估方法，如期中考试、期末考试和平时分等，已经无法满足新型教学模式对课堂教学内容的需求，因此需要采用更为综合的评估方式。在这种情况下，必须采用一种过程性的评估模式，该模式的构建主要以《大学英语教学指南》为依据，并且结合当前社会发展状况及大学生自身特点进行。在过程性评估中，除了传统的出勤、期中考试和期末考试，也要将学生的所有学习活动纳入考量体系，并将自主学习纳入学分系统，是确保自主学习模式持续采用的重要手段，其作用不容忽视。考虑到自主学习的利弊得失，不仅可以促进学生更好地完成自主学习任务，提高学生的积极性，同时也有助于教师更全面地了解学生的真实学习情况。当然，将自主学习纳入考量体系也带来了一个新的挑战，即如何对其进行全面评估。高校教师在这一领域面临着全新的挑战，同时也需要具备更高水平的自我评估能力的自主平台。

第二节　信息技术环境下的高校英语教学

一、信息技术推动教学模式变革

《义务教育英语课程标准（2022 年版）》（以下简称《课标》）鼓励英语教师利用教育信息化技术，运用智慧课堂的互动和分享功能，提升英语教学水平，帮助学生更好地掌握学习内容、锻炼能力，促进学生多元化学习体验和学习方式的转变，从而提高英语教学的智慧化水平。

在当今教育信息化发展深入的背景下，英语学科已经进入了与信息技术深度融合的阶段，这是事实。在当前的阶段，使用各种信息技术手段已经成为教师在英语教学中不可或缺的工具。在信息技术与学科教学深度融合的过程中，一线教育工作者积极尝试创新的教学方法，其中包括了线上线下结合的教学方式。

现代信息技术被应用于教学中，创造了线上线下结合的教学模式，突破了传统线下教学的限制，使学习更具多样性。在现实实践中已经证明，将线上和线下教学相结合，能够为学生提供多种学习机会和空间，同时也能够促进学生转变学习方式，发挥自身主观能动性，自主学习、合作学习和探究学习，逐步掌握学习内容，自然而然地提升学习能力。在进行初中英语阅读教学时，教师以国家课程标准为基准，充分利用信息技术教学环境，采用线上和线下相结合的教学方式，促进信息技术与英语教学的深度融合，提高英语教学的效果。

二、高校英语混合式教学理念

现代信息技术的进步为我国线上教育的创新与发展提供了强有力的支持，在其支持下我国出现了许多的线上教育平台，如MOOC、雨课堂等。另外，QQ、微信等社交软件的广泛应用也为混合式教学提供了必要的技术条件，但如果不能有效整合学科课程，这些条件也将无法发挥其应有的作用。

优秀的学科教育环境，必须建立在教育理念的坚实基础上。各种英语教育理念的侧重点因基于不同的语言学理论视角而不同，因此在高校英语教学中，有必要结合语言学习和语言教学的特点，探讨混合式英语教学理念。

（一）以产出为导向

产出导向法（Production Oriented Approach，POA）是以文秋芳教授为代表的中国英语教育家提出的一种中国特色的英语教学理论，它以“输出驱动假设”为理论基础，强调教学活动应该关注学生的学习成果，以促进有效学习的发生，并提出了“学习中心说”和“学用一体说”的观点。

所有语言教学活动都与运用紧密相关，学习主要指听和读的输入性学习，而使用则包括说、写和口笔译的产出。根据输出驱动－输入促成的路径，高校英语教师会布置输出任务，学生会在自我评价的基础上，关注完成输出所欠缺的因素，如语言内容、语言形式等。为了完成这些输出任务，学生会积极主动地通过课内外教学活动，借助图文、声像等渠道输入信息，理解并最终完成信息表达的输出任务。尽管中英文句子表述非常不同，但它们的意思是相似的。

（二）以联结为途径

随着现代信息技术的飞速发展，网络时代已经成为现实，这也导致学习理论的取向出现了新的变化。加拿大学者乔治·西蒙斯（George Siemens）试图将学习情境置于网络社会结构的变革之中，他认为各种知识分散在各个结点之中，如图书馆、数据库、杂志、网站和其他可用于知识交流的信息资源，学习者可以通过获取和处理各个结点的信息来建立自己的知识网络，进而构建自我知识体系。高校英语课程的特殊综合性质，使得在总课时减少的情况下，单一的教室环境难以满足听、说、读、写、译的多重教学需求。因此，教师需要根据教学目标和学生特点，有序地优化安排教学要素，并考虑教师、学生和学习环境之间的互动关系。同时，培养学生强大的信息素养，引导学生在语言和信息需求方面发挥自己的潜力。

（三）以思辨为指引

高等院校人才培养中的关键组成部分之一是培养学生的思辨能力，这也是高校学科教学的重要目标之一。评价一门课程的成败，最关键的标准在于其是否能够有效提升学生的批判性思维能力，而不在于所采用的课程类型或教学形式。现代信息技术的广泛应用，使得探索课程教学和思辨能力培养之间的联系和融合变得更加重要与紧迫。在混合式教学中，教师需要将线下的面对面讲授和线上的信息技术支持相结合，以实现以学生为中心的深度学习体验。在这种教学模式下，学生需要通过在线自主学习完成语言输入，从而完成较低层次的思维技能，此技能主要体现在识记、理解两个方面。而在课堂上，教师可以通过讨论、对话等互动方式，帮助学生完成较高层次的思维训练，如应用、分析、评价、创造等，从而实现思维技能的层次递进，培养学生的思辨能力。这种教学方式可以帮助学生更好地掌握知识，提高学习效果。

（四）以评价为反思

混合式教学中，教学评价是一种有效的方式，可以用来检验教学质量、评价现实和潜在教育教学手段的价值。教育工作者与学习者利用现代技术建立学习资源空间，通过互动式的系统性教学活动实现教学目标。然而，由于学习环境、学习行为和教学方式的多样性，需要改革教学评价方式。教师应当认识到，评价的过程和形成性评价在高校英语教学中具有重要作用，应该积极探索如何实现“评价和测试对高校英语教学的导向、激励、诊断、改进、鉴定、咨询、决策等多重功能”，全面了解学生的学习情况，拓展评价的内容，考核线上、线下的学习成果和质量，并坚持多元评价，不仅注重教师的评估，也要鼓励学生自主评价和互评，利用数据进行综合评价，以定量为主、定性为辅，直观反映学生的学习效果和解决问题的能力。

三、信息技术环境下的高校英语混合式教学模式

（一）高校英语翻转课堂模式

翻转课堂模式是指在课堂进行之前，学生利用教师给出的视频、音频、开放网络资源，电子教材等学习材料，自主完成课程内容，然后在课堂上主动参与教师的互动活动，最终完成学习任务。翻转课堂模式是由美国人萨尔曼·可汗（Salman Khan）提出的，他首次利用网络视频展开翻转课堂授课，并取得了巨大成功。因此，可以说萨尔曼·可汗是翻转课堂模式的创始人。近年来，翻转课堂模式在国内产生了巨大影响。作为一种基于网络多媒体的新型教学模式，翻转课堂模式是对传统教学流程的颠覆，这对于学生展开自主学习而言是非常必要的。作为一种新型授课方式，翻转课堂对我国英语教学改革大有裨益。但是，翻转课堂不属于在线课程，也不能运用视频代替教师，它只是师生之间进行互动的方式，为学生的自主学习提供了充分的空间和实践，从而获得个性化的发展。高校英语翻转课堂模式的实施共包含以下两个环节。

1. 课前学习环节

翻转课堂的教学成效受到课前学习环节的教学设计和质量的严重影响，因此必须注重课前学习活动的开展和质量控制。在课前学习中，以下几个方面是需要重点关注的内容。

（1）制作预设性学习资源。教师需要根据教学需要和目标设计和制作预设性学习资源，以便学生能够必须使用和掌握这些资源。在高校英语翻转课堂的课前学习中，教师需要根据学生的实际情况，制定一套科学合理的高校英语教学大纲，以便在制定个性化的教学内容体系时，能够更好地把握教学目标，确定教学内容的范围和难度。教师可以开发高校英语教学视频，并将其切分成小模块，使其与每个单元的教学任务和目标相适应。也就是说，教学视频应该根据教学任务进行设计，以便学生可以通过网络平台进行初步和系统的学习。在当下的网络环境中，有许多出色的教育资源可供利用，如 MOOC 网的精品公开课也是翻转课

堂学习中非常有价值的前置资料，教师应该充分发挥其作用。

（2）设计课前练习活动。翻转课堂的关键要素之一是设计有效的课前练习活动。首先，教师必须充分考虑到学生的个性化知识结构和知识需求，合理地安排课前练习活动的难度、深度和数量等。其次，应当以任务型教学模式为主导，让学生在掌握课文中的英语知识后，通过与实践相结合的方式进行高校英语练习，注重运用英语解决各种任务和问题，以此让学生在解决问题的过程中更深入地体验英语，并提高对学习英语的自信心。任务型学习要求学生之间进行有效协作，具备一定的社交技巧和沟通能力。不要将学习活动的设计一概而论，而是应该按照逐步深入、由浅入深、层层推进的方式进行，通过完成不同难度的任务活动，帮助学生逐步掌握课文知识，从而达到内化和强化的效果。最后，学生会把他们的学习活动上传到平台的学习库里，以便教师可以查看。

（3）观看课程教学视频。教师需要在网络平台上引导学生独立观看教学视频，并监督他们按照教学计划进行学习。学生可以利用互联网平台，在任何时间、任何地点，通过手机实现学习的整体化和碎片化，包括观看网络教学视频、查找学习资源及参加在线课程等。除此之外，学生还有机会利用微信、微博、抖音、QQ 等社交网络应用进行在线交流、讨论问题、分享经验等。随着互联网的进步，高校英语翻转课堂的智能化、便捷化、微观化、可追溯化等方面得到了进一步的提升，学习平台能够自动记录学生的学习历程，监测学生的学习进度，评估学生的学习状况，同时也可以实现师生之间的在线交流，包括一对多和多对多的互动。通过网络平台，教师能够实时了解学生的学习情况，从而更方便地对落后进度的学生进行监督和指导。

（4）开展课前互动性学习活动。通过网络教学视频学习学生基本上能够完成教师所设计的有针对性的练习。此时学生进行互动性学习活动的主要目的是加强对课前内容的认知，进一步巩固所学知识。在这个过程中，学生可以通过互联网社交软件进行在线沟通和交流，解决发现的疑问和难点。如果同小组同伴无法解决问题，学生需要向教师反馈，或者从互联网中查找相似问题的资料获得解决方案。鼓励学生积极思考，深入理解课前所学内容。通过课前互动性学习活动，学生可以在彼此间展开深入地讨论，分享对问题的不同看法，从而提升对问题的理解深度。总之，这个阶段的课前练习活动的主要目的是加强对前期学习内容的分析、应用和内化，同时留下未解决的问题和疑问，以便在课堂上进行现场讨论。

2. 课堂学习活动环节

在高校英语翻转课堂中，课堂互动交流、问题解决、总结反馈及评价测评等环节被视为主要课堂教学活动，这种教学方式弱化了教师的角色，更加侧重于学生之间的交流互动。通过翻转课堂的教学方法，提高学生的自主学习能力和思维能力，达到更好的教学效果。

（1）总结课前，确定问题。首先，需要对学生在课前自主学习和讨论的情况进行全面评估。学生可以以个人或小组代表的形式，汇报他们在学习过程中的收获和成果，并进行自我评价和互评。教师可以结合教学难点，提出一些具有代表性和价值的问题，以促进课堂探究。其次，可以在课堂上深入探讨那些在课前讨论时未能解决的问题。通过学生参与视频学习和有针对性的学习内容，总结部分小组讨论后仍未得到解决的问题。在这个过程中，教师应该积极参与，并引导学生寻找解决问题的方法，帮助他们克服困难。最后，将未解决的课前预习问题留待正式课堂讨论，可以帮助课堂探究问题的确定，促进探究式、合作式、开放式的课堂教学氛围形成，同时也有助于提高课堂效率和激发学生的主动性。

（2）独立思考，自主探究。培养学生自主学习能力、提升创新能力和主动探索能力的重要途径是鼓励独立思考和自主探究，这也是大学生应该具备的基本品质之一。在进行课堂学习活动时，教师需要考虑到学生之间的差异，因此需要设计各种不同难度和范围的问题，以适应不同学生的学习需求。学生需要准确地了解自己的知识结构，根据自己的兴趣和知识掌握情况，自主选择适合自己的探究问题，这样才能更好地参与教师设定的学习活动。接下来，老师会根据学生所选问题，将他们分成同一问题的小组，每个小组的成员人数会根据班级人数控制在 4～6 人。每个小组成员都有责任独立探索和讨论一个子问题，然后将个人的思考整合起来，形成全面的探究结果。通过独立思考、自主探究和自主解决问题，能够提高大学生的能力并取得更好的成果。

（3）团队协作，合作学习。在翻转课堂教学中，合作学习是一项至关重要的教学策略，同时也是现代化教学中极为推崇的一种教学方式。合作学习能够让每个学生都感受到实现自我价值的重要性，同时让每个学生充分参与到团队学习中，共同取得成功。小组或团队的组建方式会直接影响到合作学习的成效和教学进度。建立小组时需要谨慎，教师应当平衡好学生之间的差异，确保团队内成绩好的与成绩不好的、基础扎实的与基础薄弱的学生都有所涵盖，以达到实力均衡的目的。

高校英语翻转课堂的团队应该由教师根据学生的知识水平、个人特点、学习表现等进行适当分组，每组成员最好控制在4~6人。小组成员通过推选选出一位组长，该组长负责组织和监督小组的研究学习。小组成员可以采用辩论、话剧、竞赛等方式进行合作。

（4）成果展示，交流互动。在完成了团队合作探究活动后，各小组需要向同学呈现他们所获得的研究成果。根据实际进度情况，成果展示的安排可以进行灵活调整。为了促进成果展示的效果，教师可以组织一堂以此为主题的课程，并要求所有小组进行成果汇报。在课程结束前，教师会随机选择几个小组中的成员来展示他们的成果。除了在课堂上直接展示，还可以选择翻转展示，在课下以录像的方式呈现小组的汇报内容和汇报过程。教师可以在正式授课之前选择几个优秀的视频向学生们展示，同时和其他同学一起对小组的合作成果进行讨论和交流。

（5）评价反馈，建议改进。教学评价在高校英语教学中具有十分重要的作用，教学评价的重要作用不仅适用于英语正式授课，同样也适用于英语翻转课堂教学。从某种意义上讲，教学评估都是对教学成果进行检查和对教学效果进行反馈的重要手段。对于英语翻转课堂的教学评价，主要有两种方式：一种是通过课堂评价进行，另一种是通过其他途径进行评价。翻转课堂的教学即将结束，课堂学习和展示活动已经完成，现在教师需要组织学生对整个学习过程和效果进行评价，包括自我评价、互相评价和教师评价。为了激发学生的学习动力并体现评价反馈的作用，评价体系应强调学生的主体作用，减少教师评价的权重。同时，教师应更加注重对学生的学习、探究和独立自主能力进行评价，以便为未来的教学改进提供参考，并激励学生对英语学习保持热情。同时需要进行定期的评估。简单地说，定期评价是在不同的学习阶段对学生的学习情况进行总结和评价，包括月考、期中考和期末考等。检验学生对知识点的掌握情况是这种评价的主要目的，而重点考查的是理论知识，笔试和口试是主要的考试方式。通过阶段性评估，教师能够掌握学生的知识掌握情况，从而有针对性地加强对薄弱环节的教学。

（二）高校英语微课模式

随着网络多媒体技术的引入，人们的学习方式逐渐发生改变。在网络及微时代的双重影响下，微课模式已经悄然进入高校英语教学的领域，并成为人们探索新教学模式的一个重大突破口。可以说，微课是一种新的网络学习资源，并在国内迅速发展，成为基于网络多媒体的高校英语新教学模式。从微课的课程属性出发，微课需要具备必备的课程要素。具体而言，其主要涉及四大要素，即目标、内容、活动、交互和多媒体。

微课的目标主要有两个方面：第一，教师想要在什么阶段实施微课模式；第二，教师通过实施微课模式想要达到什么样的教学效果。从具体上讲，可以将其归纳为应用目的和应用效果。其中，应用目的是微课模式设计和开发的动机。微课模式的应用范围，涉及课前、课中及课后的多个环节。应用效果是教师在课堂上通过运用微课教学方式，帮助学生掌握英语知识点，并逐渐提升学生的英语应用能力，如通过运用微课模式，帮助学生掌握某种体裁的英语写作方法。一般来说，微课模式的目标是具体明确、单一的，其对于微课内容和应用模式的选择起着重要的指导意义。

微课内容是一种有目的、有意义的信息和素材传递方式，其目的是为微课模式的预期提供服务。考虑到微课的目标、学生的学习情况及教学阶段的准备应用，教师需要精心设计微课模式。微课的内容与教师的教学活动设计存在差异。然而，由于微课的整体教学时间较短，其内容呈现出主题鲜明、简明扼要、独立思考的特质，因此教师需要对微课内容进行精心筛选。

活动是主体与周遭环境相互作用的复杂过程，在这个过程之中，会涉及很多因素，如主体自身、其他主体、周围客体等。教的活动是指教师与特定微课内容这一客体之间的相互作用过程，通过这种互动，向学习微课的学生传递教学信息，以协助学生更好地理解和思考课程内容。实现微课目标的有效途径之一是通过参与教学活动完成。从教学方式的角度看，教育活动可被划分为教师的示范、授课、实践及其他主体之间的互动等类型。

要想完成微课中教的活动，教师必须要借助某些特定工具保证学生能够正确理解微课内容的意义，从而实现学生与微课的相互交流。在微课模式中，主要包含三个环节。

1. 课前预习环节

教师在准备课前预习时，需要先发布微课视频，然后根据单元教学目标制定学习任务，并引导学生观看视频。在课前预习课程，一方面可以培养学生的自主学习能力，另一方面还能减轻课堂教学的负担，使教学更加流畅。

除此之外，老师还可以采用思维导图或者文章结构图的方式呈现写作思路，帮助学生提前完成中英文翻译，为课堂学习打下基础。学生可以在课前预习中，积极地准备相关内容，查找不熟悉的词汇和短语，梳理文章大意，同时通过线上平台与同学交流，解决自己的疑惑，同时还能完成教师提出的问题，以此提高学习效果。

2. 课堂教学环节

在高校英语教学过程中，教师仍然可以借助微课视频的方式进行教学，从而最大限度地发挥微课视频的教学作用。例如，在教授 Heroes of Our Time 这门课时，教师可以通过在网上查找与课文中出现的英雄人物的相关资料，并将其制作成微课视频的形式。这样，在课堂上，教师可以通过播放微课视频，让学生更加直观地了解这些英雄人物的生平事迹。当然，这个微课视频还包含了这篇课文的思维导图，这更加彰显了它作为多媒体教学辅助工具的作用。老师可以利用视频中的框架和思维导图来展示整个课文的结构，逐步梳理课文内容，并引导学生解决微课中的问题，总结故事情节和课文主旨，同时鼓励学生提出自己的见解和思考。教师可以在微课视频后，继续引导学生深入探究课文中的关键内容，通过提出有挑战性的问题，将文章内容串联起来，从而提高课堂教学的深度和广度。除此之外，教师还可以利用互联网教学资源丰富微课视频的内容，从而激发学生对英语学习的兴趣。

3. 课后互动环节

微课视频还可以在课后互动中发挥作用，教师可以充分利用微课视频的优势，通过微课视频作为桥梁，引导学生在课内和课外之间建立联系，巩固英语语法和课文内容，完成课后习题。课后，教师可以利用课文中的案例，归纳文章的核心内容和惯用语句，也可以让学生结合微课视频复述课文，从而增强英语表达的能力。教师可以整理微课视频和课堂 PPT，并将它们一起发送给学生，以便帮助学生更好地进行课后复习，这是完成一单元的英语教学后的一个好方法。教师应该注重培养学生的思考能力和自我学习能力，为学生提供广泛的学习资源，并引导学生学习方法的正确运用。

（三）高校英语慕课模式

慕课（Massive Online Open Courses，MOOC）是一种基于互联网技术的教育模式，它被定义为是大规模开放在线课程。随着我国信息技术的快速普及和发展，慕课技术已经在我国教育领域得到了广泛的应用。慕课的最大特点是打破了传统教育的限制，与传统课程相比有很大的不同。首先，传统课堂的最明显特点是受到了教室面积、教师精力等方面的限制，只能容纳有限数量的学生。然而，慕课却能够打破这些限制，让教师可以同时面对成千上万的学生，从而提高教师的教学效率。其次，慕课能够让学习者以自己的兴趣爱好为依据，自主选择课程进行学习。由于慕课是基于互联网开展的教育，因此它具有较大的空间自主性。在网络多媒体环境下，慕课模式是以关联主义为基础，开展大规模的在线教学方式和学习方式。慕课模式的形成和发展并不是偶然的，而是在时代的发展和信息技术的进步基础上实现的。高校英语慕课模式的实施环节包括以下几点。

1. 课前教学设计

在上课前，教师需要仔细研究教学大纲和授课单元的重点，根据学生的学习水平和专业特点，合理规划教学内容，最大限度地利用教学资源和手段。在选择资料时，应同时考虑学生的学习情况，资料应包含丰富的知识和趣味元素，具有深刻的思想内涵，难度适中，充分利用慕课的优势，帮助学生及时了解本节课的教学目标和重点。充分利用各类教学平台提供的优质资源，如新标准大学英语网络教学平台、高校英语教学平台、高等英语教学网、大学英语网、中国英语学习网、中国日报英文版网站等，以科学、合理的方式提升教学效果。这种精心设计的课前教学使学生对学习英语的兴趣大大增加，进而取得了事半功倍的教学效果。

2. 课堂教学过程

使用慕课作为基础的高校英语混合式教学，改变了教师和学生的角色。教师的角色已经从传统的灌输者转变为教学活动的策划者、设计者和监督者，填鸭式的教学方式已经彻底过时。学习不是学生被动地接受，而是学生成为学习的主导者。混合式教学模式突出了教师与学生共同参与、互动合作的教学理念，将教学过程中的主导权交予学生，实现教师和学生的互动共创。

教师在授课过程中需要关注学生在课前预习中常见的问题，并通过小组讨论、角色扮演等方式促进学生展示他们的学习效果。在展示结束后，师生共同进行评估，确保每位学生都能够参与其中，这样既能够解决在课前自主学习中所遇到的共性问题，也能够促进师生和学生之间的互动，加强生生之间的交流，从而使所学的知识真正内化，为下一阶段的学习打下坚实的基础。

3. 课后学习评价

通过慕课的线上线下混合教学，能够更好地提高学生的学习效果评价，不再只是局限于考试成绩的评价，从而弥补传统课堂单一教学的不足。不再单纯以期末考试成绩作为衡量学生学习成果的唯一标准，而是将评价的重点转移到学生的英语学习体验上，注重学习过程的考核，从而鼓励学生自主建立系统化的学习理念。教师应当在教学实践中，综合运用形成性评价和终结性评价。形成性评价是基于对学生学习全过程的持续观察、记录、反思而作出的发展性评价，主要是评估学生在日常学习过程中的表现、成绩和情感、态度、策略等方面的发展。

综合性考核通常是在课程教学单元或学期结束时进行的评估，其考核方式和手段具有较大的灵活性，教师可以根据实际情况灵活设置考核方式。例如，在《新标准大学英语综合教程》课程中，每个单元结束后，授课教师会布置下次课前的考核任务，通常采用慕课平台答题和课前5分钟单词考核相结合的方式。线上测试部分的主要重点是考核学生的听力和阅读能力，通过在课前进行考核，能够及时发现学习中的问题，并通过考试、评分和讲解相结合的方式，进一步加强对重要知识的巩固和理解。除此之外，在口语测试方面，教师会分配任务，学生会以小组形式进行展示。学生在钉钉群中提交他们的配音作品和美文朗读，教师随时进行评价，纠正他们的发音错误，并给予指导性的建议，以提高教学效果和激发学生的学习热情。学生自我评价、师生互评和同学互评是形成性和终结性评价的具体实现方式，它们不仅可以帮助学习者反思学习，提高学习效果，还能促进学生之间的互动和合作。从另一个角度看，教师可以根据学生的反馈及时调整教学策略和方式，发现并解决问题，实现教学互动。

第三节 ESP 框架下的高校英语课程构建与发展

ESP 是一种英语课程形式，旨在为学生在校期间的专业学习和研究，以及毕业后的工作与发展提供服务。与 ESP 相对的另外一种最常见的英语教育形式是普通用途英语（English for General Purpose，EGP）。在我国英语教学界，普通用途英语被广泛地认为是指由具有不同水平或背景的学习者共同使用的一套以标准语音为特征、语法规则为主要内容的英语教学方法和模式。通用英语的本质在于奠定基础英语，其教学目标在于协助学生夯实语言基础，培养学生在听、说、读、写、译等多个语言领域的技能。由于 ESP 教学与 EGP 教学的密切联系，因此建构大学 ESP 课程成为大学英语教学方向改革的重要途径。下面对大学 ESP 课程建构的原则与模式进行总结与分析。

一、高校英语 ESP 课程构建分析

（一）构建原则

ESP 课程进行设计的过程中，课程设计者在整个设计过程中都需要考虑和遵循一定的原则。这些原则主要有以下几个方面。

1. 学生中心原则

学生中心原则是指在课程设置的始终都要以学生作为课程设置与实施的主体。ESP 课程实施的目的是培养专业性英语应用人才，因此其教学落脚点应该是人才的培养，也就是将学生作为教学的中心。这种课程设计原则要求将课堂教学的主动权从教师手中转移到学生手中。ESP 课程教学需要改变传统的英语教学模式，在课堂上给学生留出适当的思考与体会的时间。同时还需要教师在设计课程时切实体会学生的心理、了解学生的学习视角，从学生的角度出发，提高课堂教学的趣味性。为此，教师可以通过多媒体等教学手段进行教学。这种教学方式不仅节省了大量课堂教学时间，同时还能给学生提供更多的学习信息。

学生中心原则能够使学生了解其在教学与学习中的重要地位，从而正视自己的主人翁作用，更好地发挥自己的思维进行学习上的思考，提高自身的主动性。从这个意义上说，学生中心原则也是保证课堂教学效果的重要手段。

2. 需求分析原则

需求分析包括目标需求和学习需求。目标需求旨在分析学习者的目的、语言水平、未来可能遇到的社会文化和工作情境及这些情境对学习者的心理和工作的影响等。学习需求旨在分析学习者在未来的社会文化和工作情境中必须掌握的语言知识与技能，包括掌握的顺序、方法等。

通过对这两个层面的需求分析，教师能准确把握课程内容及其内在联系。因此将其应用到具体的课程设计中能够起到引起学生兴趣，提高教学效果。

3. 鼓励考核原则

在 ESP 课程设计时，也需要遵循鼓励考核的原则。这个原则是指在课程中加入相关的考核内容，从而判定学生的学习状况。

目前国内很多高校课程考核采取平时成绩与期末成绩相结合的方法。这种考核方式尊重学生的日常表现，鼓励学习过程而非为了应付考试临时抱佛脚。目前国内此种考核方式的评定比例是平时成绩占总成绩的 20%～30%，期末成绩则占 70%～80%。

在具体的 ESP 课程设计过程中，课程设计者可以根据具体的学科差异性进行考核标准的确定，同时也可以加大平时成绩的比例，从而激励学生进行学习。同时这种考核方式还减轻了区域差异对学生成绩的影响，调动了学生学习的积极性和竞争性。

4. 选择教材原则

教材是教学展开的指导性文件，因此大学 ESP 课程建构也需要重视教材的影响作用。

目前国内专门用途英语的教材建设还处于起步阶段，尚不系统、完善，根据学生语言水平、兴趣爱好选择合适的材料是十分关键的。实践证明，专门用途英语的语料建设、教材完善是一项长期而艰巨的任务，需要经过反复实践与修改，最终才得以完善。

5. 技能核心原则

ESP 课程设计的初衷是为了提高学生的语言技能，而不是单纯地提高非专业知识。因此在课程设计时应该遵循技能核心的原则，将教学重点放到学生语言技能的提高上。

在以技能核心为原则进行课程建构时，需要课程设计者区分专业英语和双语教学、普通英语教学。例如，法律英语仅教授了法律领域英语的词汇，句法，语法和篇章特点，并没有用英语详细系统地讲授它的专业知识。简而言之，专门用途英语是通过专业课程开展英语语言教学，专业英语教学是通过英语开展专业知识教学。所以专业英语课程的设置应围绕着提高学生英语能力的目的进行。

（二）问题与不足

1. 缺乏对ESP教学模式的全面认知

ESP作为一种新兴的教学模式，已经引起了广泛的社会关注和各大高校的高度重视。ESP英语课程教学模式的创新任务已成为高校教育发展阶段的重中之重。然而，在进行英语课程教学活动的过程中，许多高校教师对于ESP英语课程教学模式的认知不够清晰和全面，教师对ESP教学理念和核心内容的了解程度也不够深入，导致在实际教学中将这类教学模式与传统教学形式混淆，并采用传统的教学方法进行ESP英语课程教学活动，从而无法达到预期的教学效果，影响了英语课程的教学品质。

2. 缺乏充足的师资力量

ESP英语课程教学活动对教师专业水平有很高要求，既要求教师要有综合素质又要有足够的英语学科专业知识储备才能在此基础上更好地投入ESP英语课程教学中。ESP英语教学课程同传统英语课程教学模式有本质区别，并且在课程教学体系中蕴含了先进而实践性强的教学理念及课程思想，这种教学活动实践性及教学性水平较高，是现阶段高校英语教学创新及改革阶段转型的主要途径。一些院校在发展过程中并不能针对专业英语教师团队建设给予高度重视，一些教师只是精通于某一个系统或行业领域专业知识，这就使得他们在ESP课程教学活动实施过程中因受自身专业性与综合性技能所限，致使对于英语学科理念在其他领域认识不足，这类教学活动实施结果达不到预期目的，给ESP英语课程教学模式的有序推进造成一定障碍。

3. 缺少合理的ESP英语课程设置

在实施ESP英语课程教学活动时，课程设置的完善性与合理性是至关重要的。然而，由于大多数高校对ESP课程教学活动缺乏足够的重视，导致ESP英语课程的课时比例相对较低，因此在一般情况下，仍然采用传统的英语课程教学模式。如果教师没有掌握正确合理的教学方法，将会直接影响到学生学习兴趣及学习效果。若ESP英语课程设置缺乏合理性，将导致课程内容单一，难以根据行业领域的具体需求选取相应的课程内容，从而使ESP课程体系难以凸显实践性、规范性和系统性的特点，同时在缺乏全面化知识领域的情况下，降低整体的教学效果。另外，还存在很多不利于学生学习积极性的因素。为了满足社会和企业岗位对专业英语人才的需求，一些高校过分追求ESP英语课程教学，而忽视了课程设置的合理性，导致这类课程教学活动逐渐呈现出形式化的弊端，从而无法获得更高质量的课程教学效果。

二、高校英语ESP课程优化发展

（一）高校英语ESP课程群的建构

（1）根据高校英语课程要求更新、完善专业知识。制定ESP课程群时需要对目标语言的实际应用情况进行分析，以确定课程的核心任务。在应用型本科院校中，制定ESP课程内容应基于对行业需求的深入了解，一方面要明确该行业的语言应用能力和行业语境的标准规定，另一方面要清晰地界定目标语言的使用场景。为了积累教学经验，需要通过收集真实的语料信息，分析不同语言特征，并编制出具有代表性的情境任务，并在实践中进行整合。应用型本科院校的ESP课程群建设工作需要教师不仅要拥有丰富的专业知识，还必须掌握行业英语沟通技巧，能够根据真实语言使用情境的语言行为及时更新相关专业知识。因此，教师需要从专业知识的角度出发，进行课程设计时要注重横向拓展。

（2）根据高校英语教学需求分析来建立语料库。例如，为了达到应用型本科院校英语ESP课程群的培养综合语言使用能力的目标，需要从需求分析入手，实践教学工作包括两个方面：一方面，必须在职业和校内非职业人员那里收集关于课程需求的信息，为实践课程目标的制定提供有效的依据。另一方面，在总结客观信息源时，建立一个共同的核心语料库是必要的，因为这将为未来的项目和课程设计提供有力的信息支持。一般情况下，语料库的构建内容通常涉及共同的行业领域。随着专业样本采集的不断扩大，应用型本科院校在构建语料库时需要深入研究语料和语言任务的共同点，以建立具有普遍实用价值的核心语料库和语言任务库。为了更好地适应学习者的生活需求，并且鼓励各方利益主体共同参与素材的更新和维护等基础工作。

（3）根据高校英语教学内容，调整教学模式。在应用型本科院校中，构建英语 ESP 课程群时，最常见的教学模式是任务型或案例型，这种教学方式的优点是能够为实践教学提供更真实的条件。具体操作包括以下几个步骤：第一，需要介绍相关背景知识，了解案例资料和项目情况，明确教学目标和关键问题等内容；第二，根据教学任务的不同，可以采用不同的资料输入方式，如使用图纸、表格、图像、录音等；第三，在进行任务分析或案例分析之前，应该先仔细查看图表资料，建立一个真实的语境，以此构建语言、内容和形式三者相互关联的知识结构；第四，分析专业术语，判断其在行业语境中的准确性和适用性；第五，关注大学生学习专业英语知识的问题，重点在于帮助他们更深入地理解项目任务、项目性质和项目要求，从而激发他们对实践应用项目的自主学习兴趣；第六，在协作学习中，为学生提供使用专业术语的机会，不断增强他们的自信心和积极态度，并为他们提供一个有效的交流和分享观点的平台；第七，在口头和书面表达中，需要加强对专业英语知识的训练，巩固语言技能，便于达到熟练掌握的目标；第八，在实践教学工作结束后，要对课程的教学内容和应用技能进行适当的归纳总结，以便提高实践教学的质量。

（二）高校英语 ESP 课程体系的优化

增加教学内容的丰富性，将英语学习与专业教学有机地结合起来。高校英语 ESP 教学的课程设置应该综合考虑英语学习和专业知识，包括专业术语、专业阅读和专业写作等内容，以实现跨学科的教学效果。因此，学生不仅可以获得基本的专业知识，还可以提高与职业发展相关的技能。ESP 课程的教学安排是以学生的实际需求和学校的具体条件为出发点，为了让学生有更多的学习体验，安排了丰富多样的学习活动。在 ESP 课程中，应注重不同专业的不同要求，确保教师所传授的内容更符合专业发展，从而为学生未来的职业发展打下坚实的基础。根据学校的指导方针，我们会有针对性地挑选适合学生专业发展的教学材料，以使教学内容更具活力，使高校英语 ESP 课程更贴近学生未来的职业方向和规划。

进行教学时，应该将活动分层进行，同时融合基本技能和专业技能的要素。ESP 可以被归类为两种类型：学术用语和行业用语。学术性用语的掌握需要通过学习相关的课程内容来培养学生的基本学习技能，同时还要结合听、说、读、写、译等多种技能提高学生的语言运用能力。行业性用语是指专门用于特定领域或行业的术语和语言表达方式，这些内容主要用于培养学生在专业领域的英语交际能力，达到专业学习要求的英语化目标，从而促进学生的全面发展。基于学生对知识掌握水平的差异，ESP 课程应该合理安排课堂教学内容，展示学生的英语水平，提高学生的英语专业技能，与此同时还要结合英语专业的具体特点，开展恰当的高校英语教学活动。

将英语教学与专业发展趋势紧密结合，采用双轨式培养模式。众所周知，英语作为一门语言学科，其教学需要教师与学生之间的交流互动和开放性的特征，因此，创新和发展教学形式是至关重要的。在专业的发展过程中，当遇到新的教学内容时，英语的重要作用就体现出来了，它能帮助我们解决相关的难题和问题。因此，教师可以通过将英语教学与专业前沿技术和市场需求相结合，以便增强学生的专业素养和就业竞争力。我们可以根据未来的发展趋势，设计最新的英语专业教学课程，将 ESP 教学的优势充分发挥，从而提高教学质量，促进学生的专业发展。另外，教师应该不断提升自身的教学能力，创新教学方式，以适应实际教学中可能遇到的各种困难，将所学语言灵活运用于实践中。所以，为了最大限度地提升 ESP 课程的教学质量，高校英语教师必须要加强对英语教学与课程专业未来发展趋势联结的双轨模式，以实现基础教材和专业核心的双重内容，从而实现人才和资源的高效利用。

第四节　跨文化背景下的高校英语课程构建与发展

一、跨文化交际在高校英语课程应用模式分析

（一）教学目标

高校英语的目的是帮助大学生提高语言技能、交际技能和跨文化交流技能。将跨文化交际作为高校英语课程的主要应用模式，注重学生语言和交际能力的全面提升。其中，语言能力包括英语语言、语法、词汇、听说读写及翻译能力的学习，

而交际能力是着重培养学生熟练地运用英语语言进行沟通和交流的能力。学生要具备跨文化交际能力，需要学习外国文化的背景和风俗习惯，以便更好地使用英语语言进行有效的沟通和交流。

（二）教学内容

教学的具体内容应当与教学目标保持一致，着重培养大学生的跨文化交际能力。在实际教学中，应以学生的语言学习和文化知识学习为基础，重点关注英语语言运用和文化背景的理解，利于达到培养学生跨文化交际能力的目的。让学生能够在英语学习过程中流利地使用英语进行交流，基础是必不可少的。

（三）教学原则

要提高大学生的跨文化交际能力，必须持续不断地培养，并且需要注重整体性和长期性的原则。只有持之以恒，才能改变固有的高校英语教学模式。而整体性原则要求高校在培养大学生的跨文化交际能力方面，要以平等的态度对待每个学生，确保没有一个学生会被落下。高等教育机构应该以学生为中心，在教学模式上尊重学生的个性需求，尽可能地满足学生的日常学习需求。提高学生课堂互动的效果，不仅要促进教师与学生之间的互动，还要鼓励学生之间的互动。另外，高校英语学习应该涵盖国际范围内的交流和互动，而不只是局限于国内范围。

（四）教学方法

在高校英语课程中，要推崇跨文化交际的应用，改变传统的英语教学模式。除了培养学生的听、说、读、写能力，还需要学习相关的文化背景知识，以便更好地理解英语语言和文化。为了不断创新教学方法，教师和学生需要在课堂上积极互动，分享外国文化的内容，让学生通过对文化背景的学习，更深入地了解外国文化和风俗习惯，并畅所欲言。通过分组布置任务，引导学生积极参与教学活动，提高他们的责任意识和跨文化交际能力，让学生在轻松愉快的氛围中获取知识并灵活运用英语语言进行交流，从而增加他们对外国文化的了解和储备能力。

教师应该不断探索新的教学方法和创新，以提升教学质量。仅关注语言形式和内部结构的结构主义教学难以满足学生的学习需求，导致学生在语言学习过程中无法获得跨文化交际能力，从而难以实现预期学习目标。因此，教师需要不断探索新的教学方式，丰富教学手段，以便满足学生多样化的学习需求和兴趣。同时，也需要在教学过程中不断总结经验，弥补不足，提高教学质量。目前英语教材所包含的知识内容非常丰富，不仅包括自然、文化、习俗等方面的知识，而且还涉及其他各个领域。因此，在英语课堂上，教师不能单纯地进行讲授，而是应该更加注重互动交流，帮助学生更好地理解相关知识。

例如，可以通过模拟实际场景来进行教学，对中西方饮食文化的差异进行模拟，西方人通常使用刀叉等餐具，同时餐具的摆放也有着严格的要求，不同的摆放方式所传达的含义也不同。中国人通常使用筷子作为主要的餐具，而不同的筷子摆放位置也传达着不同的含义。学生们缺乏跨文化交流和亲身体验国外文化习俗的机会，而仅是通过书本学习难以深入理解相关知识。因此，通过组织实践活动，采用课堂情景模拟方法，可以帮助学生更深入地了解相关知识。其他老师也可以充分利用互联网资源，通过相关的视频、图片等展示文化方面的差异，让学生更好地了解不同文化之间的差异。为了更好地提高学生的学习兴趣和效果，教师需要不断丰富自己的教学方法。例如，在课堂上设置“找不同”的环节，让学生通过对比中西方日常生活习惯中的差异性学习语言知识。例如，通过对比中西方的见面礼习惯，让学生们了解不同文化之间的差异，同时也能够锻炼学生的语言表达能力，如尝试用中文表述西方礼仪中的意思，或者用西方语言表述中国传统的见面礼仪。这样的教学方法不仅可以提高学生的学习兴趣和效果，还能够促进跨文化交流和理解，培养学生的全球视野和国际竞争力。

二、高校英语跨文化课程体系设计

（一）目标分析

1. 可充分传达文化差异

跨文化代表汉语文化和英语文化的不同，如中文中有“颐和园”“圆明园”之类的词就属中国文化词汇。外国人很难用直译了解它的真谛。但英语语境下某些比喻类语言技巧，同样是跨文化内容。如果大学生没有能够全面地了解英语语言当中所具有的跨文化知识点的话，那么其与外国人在沟通的时候是会遇到一些障碍的。由此可见，跨文化知识点传递中最主要的是文化差异。故大学开设跨文化课程应把重心放在传递文化差异上。文化差异代表了课程不仅需要传递英语文化信息，还需要与本国文化相比较。

2．学生可建立系统的文化认知

英语语言的形成过程历经几百年，所以在它文化的不断生成、优化与传导过程中，某些有历史文化价值的材料也就渐渐被纳入语言体系之内。而对国内大学生而言，如果想要比较全面地学习跨文化知识需要熟悉并熟记英语语言文化体系可能形成的文化知识。而且目前大多数大学在对学生进行跨文化知识培养时，只是把文化知识传递的范围局限于一个固定的范围之内，如经济知识、历史文化知识等。但是如果想要全面的学习，除这些比较常见的知识之外，这门课还要求尽可能地给学生们提供外国宗教，教育和哲学等跨文化知识，从而确保他们在跨文化知识学习中的全面性。

3．重视培养学生的交流能力

语言的本质功能是促进交流，只有当人们能够运用语言进行互动交流时，才能真正掌握语言的应用技能。因此，在高校开设跨文化课程时，必须注重培养学生的语言实践能力，特别是在跨文化知识点的应用方面，需要加强重点训练。为了确保跨语言课程的全面性，高校应该将中国文化纳入教学范围，因为仅是掌握外国跨语言文化是不够的。另外，在大学英语教学过程中，教师还应当注重培养学生对于母语文化与异国文化之间相互融合的意识和观念。英语人才普遍缺乏对中国文化的深入理解，这导致他们在理解外国文化方面存在一定程度的不足，但实际上，他们的落实价值源于实际情况。此外，由于我国长期实行应试教育制度，使得部分教师忽视了培养学生运用母语进行沟通与交流的意识。为了应对这一挑战，高等教育机构必须采取双管齐下的策略，不仅要注重学生英语语言的跨文化学习，更要培养学生对本国语言的熟练认知和应用能力。

（二）优化设计

1．设定交际课程

为确保课程体系的有效性，必须注重培养学生的交际技能，使其能够在社交方面得到充分锻炼。因此，学校可以在现有的课程结构中选择开设选修课程，并将其主题设定为“跨文化双语社交”，以促进学生的跨文化交流。也可以与英语教师协商后，建议将相关教育板块纳入现有课程体系内部，以提高教学质量。一方面，这门课程的设置为学生提供了更加专业的交际能力实践空间；另一方面，它也能够帮助教师更加直观地了解每个学生的学习短板，从而更有针对性地提供辅助。课程内部的教学结构可分为两个部分，一部分是理论教学，教师需要向学生传授英美文化和社会交往方面的知识。另一部分是实践教学，教师可以构建具有模拟性质的情境，引导学生在其中进行虚拟社交，从而全面提升其社交技能。另外，还可以利用各种活动来提高学生对于英语的运用水平，从而使得学生在真实场景下更好地表达自己的观点及思想。为了实现多元化的实践教学效果，教师可以适度调整社交主题，不仅限于英美概况，还可以要求学生具备较高的综合能力，以应对哲学类问题的辩证分析。同时，为了使学生掌握更多实际运用英语的技能，教师还应该引导学生将所学到的内容应用于社会生活当中。通过多角度的训练，可以有效提升学生的交际技能。

2．开设对比类课程

为了强调跨文化教育的特点，学校应该设立理论比较类课程。这门课程以“中外文化对比”为主要主题，通过对比不同文化的异同，使学生更加深入地了解中外文化知识。英语教师在对比类课程中同样需要担任教学工作，他们可以在课堂上使用双语进行授课。在讲解理论知识点时，教师可以使用汉语进行讲解，而在展开各自文化对比时则需要使用英语进行教学。通过对比的方式，教师可以帮助学生更深入地理解跨文化知识点。让学生深刻认识到东西方在同一历史时期的发展脉络，丰富学生的跨文化英语知识储备。

三、高校英语“跨文化交际”在线开放课程

（一）构建的可行性

需要对高校英语课程的设置和学分安排进行相应的调整，以提升跨文化交际的重要性。目前高校英语课程已经不可避免地缩减学分和课时，许多高校的课程学时减少了三分之一，甚至减半。在这种情况下，要同时教授通用英语和学术英语，而为“跨文化交际”留出的学时通常只有每周两节课，仅限于一个学期。尽

管如此，这个主题涉及的内容非常广泛，34学时的时间内只能涉及一部分，学生能够掌握的也只是一部分。

要达成“完成跨文化交际”教学目标，需要面临高要求、繁重任务和时间紧迫的挑战，仅仅依靠课堂教学是无法实现的。然而，当代的教学技术发展和应用，已经极大地增强了学习效率，扩展了教室教学的时间和地域，对于高校英语新课程的构建和有效运营提供了有力的支持。正如文秋芳教授强调的：“虽然高校英语课程的工具性和人文性目标同等重要，但这绝不意味着要平分课堂的教学时间。人文性目标的实现首先体现在教学材料的选择上。语言可以承载的内容多种多样、丰富多彩……其次，人文性目标体现在对语言材料的理解和运用中，并不需要占用额外的课堂教学时间。重要的是教师对此要有强烈的意识，在教学中善于抓住有利的教学时机，见缝插针，将其渗透在课堂活动中。”①

（二）初步构想和实践

从某种意义上来讲，“跨文化交际”课程十分重视知识的形成与积累，更加重视对学生探究学习能力、英语交际能力的培养，也正是由于这一原因，所以跨文化交际课程呈现出了实用性、综合性、立体化与可行性。尽管“跨文化交际”所涵盖的范围广泛且注重实用性，但如果想要在短短的一两个学期里，而且仅仅依靠课堂教学做到运用自如，这是十分有难度的。需要花费大量时间在课堂和日常生活中学习文化知识，并积极参与情境交流，以提高语言能力。教师应紧密围绕主题，通过上课和在线开放课程授课两种途径，让学生获得双份跨文化知识，这两份教学内容相互补充，构成有机整体，引导学生进行自主或协作的批判性思维，最终总结出“文化”主题下的跨文化交际方法和策略。

由于“在线开放课程”具有随时补充扩展性，因此可以根据实际情况，随时调整教学主题和制作教学视频，以满足师资、时间、经费等因素的要求，保持教学内容的持续充实和更新。浙江树人学院“跨文化交际”在线开发课程项目的第一阶段已经确定了六个主题，包括中英语言文化、民族风俗文化、衣食住行文化、比较文学文化、音乐影视文化和休闲娱乐文化。这些主题将为课程提供重要的内

① 文秋芳．大学英语教学中通用英语与专用英语之争：问题与对策［J］．外语与外语教学，2014（1）．

容支持。每一个主题都包含两个相关的跨文化专题，教师制作了 12 个文化专题的 MOOC 视频，内容涵盖语言输入、文化解释和情境练习等多个方面，旨在集知识性、实用性和趣味性于一体。在国内，秉承全球化视野，以英语为媒介，深入研究中西文化的异同，并着重将研究成果转化为实践应用。

参考文献

[1] 刘亚娜．高校英语教学理论与实践探究 [M]．长春：吉林人民出版社，2020.

[2] 张献．大学英语教学理论及实践应用 [M]．武汉：中国地质大学出版社，2020.

[3] 程丽娟，姚晓盈，王慧．英语教学与模式创新 [M]．哈尔滨：哈尔滨出版社，2020.

[4] 刘欣．多模态视角下的大学英语教学模式研究 [M]．北京：中国纺织出版社，2022.

[5] 周保群．大学英语教学模式与课程建设研究 [M]．重庆：重庆大学出版社，2020.

[6] 张启振．跨文化英语教学与课程设计 [M]．长春：吉林出版集团股份有限公司，2020.

[7] 张秋爽．跨文化交际视域下大学英语课程群建设 [M]．北京：中国纺织出版社，2020.

[8] 高芳，李敏．信息化环境下的英语教学研究 [M]．北京：中国商务出版社，2022.

[9] 罗瑞．现代英语教学理论与发展的多维研究 [M]．北京：科学技术文献出版社，2021.

[10] 唐旻丽，崔国东，盛园．跨文化视角下的英语教学理论与方法探究 [M]．长春：吉林人民出版社，2021.

[11] 张静．信息化背景下线上线下混合式英语教学模式研究 [J]．哈尔滨职业技术学院学报，2023（2）：162-164.

[12] 李文宇. 传统英语教学模式与沉浸式教学模式的比较 [J]. 成才，2023（3）：7-9.

[13] 申志华. 高校英语教学模式创新的多维审视 [J]. 食品研究与开发，2022，43（21）：241.

[14] 李雨耕. 慕课资源下大学英语教学改革探究 [J]. 英语广场，2022（28）：89-92.

[15] 张志敏. 翻转课堂模式背景下大学英语教学改革路径研究 [J]. 福建轻纺，2022（7）：60-61，64.

[16] 鄢盼盼. 跨文化英语教学模式下大学生自主学习能力的培养研究 [J]. 校园英语，2022（22）：73-75.

[17] 王婷婷. 交际英语教学模式在高校英语教学中运用的挑战与应对 [J]. 湖北开放职业学院学报，2021，34（19）：170-171.

[18] 胡蔺. 教育信息化背景下大学生英语教育教学现状与未来 [J]. 食品研究与开发，2021，42（19）：242-243.

[19] 韩晓玲. 基于“翻转课堂”理念的英语教学模式研究 [J]. 天津教育，2021（23）：91-92，95.

[20] 谭惠. 浅析信息化时代大学英语教育的转向形式 [J]. 海外英语，2019（23）：116-117.

[21] 李兰蒙. 多模态大学英语教学模式建构—教师行为与学生信念的契合 [D]. 天津：天津理工大学，2021.

[22] 钟立娜. 基于慕课的翻转课堂教学模式在专门用途英语教学中的应用研究 [D]. 桂林：桂林理工大学，2021.

[23] 阮晓红. 基于 STEAM 教育理念的高职英语教学模式研究 [D]. 重庆：重庆大学，2021.

[24] 李思惠. 基于多元智能理论的教学模式对初中英语学困生转化的研究 [D]. 大连：辽宁师范大学，2021.

[25] 马宝林. 体验式英语教学模式对高中生跨文化交际能力影响的实证研究 [D]. 大连：辽宁师范大学，2021.

[26] 谢广阔．基于学习投入的英语混合教学模式研究 [D]．上海：上海外国语大学，2020．

[27] 陈娟．基于翻转课堂的高职英语教学模式构建的研究 [D]．南昌：江西科技师范大学，2017．

[28] 梁丽．多模态话语分析视角下的大学英语教学模式研究 [D]．沈阳：沈阳师范大学，2016．

[29] 郝玲玲．基于 ESP 理论的高职英语教学模式改革研究 [D]．秦皇岛：河北科技师范学院，2015．

[30] 吕炯．跨文化传播视角下的大学英语教学模式探析 [D]．合肥：中国科学技术大学，2013．